Kreuzfahrt mit Hindernissen

Frank Becker

Frank Becker

Kreuzfahrt mit Hindernissen

Geschichten für Reisende und solche, die es werden wollen

DeBehr

Herausgeber: Verlag DeBehr, Radeberg
Erstauflage: 2024
ISBN: 9783987271960
Grafiken erstellt über Midjourney.com

Inhalt

Verzögertes Anlegen

An Bord der MS Sea Star, 13.15 Uhr, 5 Seemeilen vor Kap Luise.
Wir kommen heute wieder nach Hause, nach Hause von unserer Kreuzfahrt.
Die Koffer sind gepackt. Wir sehen auf die Uhr, noch so etwa 2 Stunden bis zum Anlegen. Plötzlich knackt es in den Bordlautsprechern.“
Was ist jetzt los, fragen sich einige, dann kommt eine Durchsage.
„Meine Damen und Herren, hier spricht der Kapitän.
Unsere Kreuzfahrt ist nun fast zu Ende, aber aufgrund technischer Probleme im Heimathafen ist es noch nicht möglich, zur geplanten Zeit einzulaufen. Wir informieren Sie, sobald wir mehr erfahren. Wir danken für ihr Verständnis. Verpflegung und Getränke werden selbstverständlich bereitgestellt.
Bitte bewahren sie Ruhe.“
Ich sage „rück, doch mal ein Stückchen her“ zu meiner Frau.
„Ja warum denn das?“
„Na wir laufen doch ein, hast du das nicht gehört.“
Sie gibt mir einen leichten Klaps auf den Hinterkopf.
„Und was machen wir jetzt?“
„Jetzt“, sage ich, „brauch ich erst mal ein

Bier, und du?“
„Gibt es auch ein Glas Rotwein?“
„Ich denke schon.“
An der Bar herrscht reger Betrieb. Vorsichtig gehe ich mit zwei Bieren, damit ich mich nicht noch mal anstellen muss, und einem Viertel Rotwein zum Tisch. Meine Frau hat gerade noch zwei Plätze ergattert. Die Bar ist jetzt fast voll besetzt. Wir stoßen an, na dann zum Wohl.
„Wie lange wird es denn noch dauern?“, fragt der ältere Herr, der mit am Tisch sitzt.
„Ich habe keine Ahnung“, sage ich, „aber wir werden ja informiert.“
Seine Frau nimmt seine Hand. „Die Reise war doch schön, nicht Georg?“
„Ja, das war sie“, antwortet er.
„Besonders dieser Tempel, da wolltest du ja gar nicht mehr raus.“
Er nickt. „Gut, dass wir das Preisausschreiben mitgemacht haben. Ich konnte gar nicht glauben, gewonnen zu haben.“

Jetzt denke auch ich an diesen denkwürdigen Samstagmorgen zurück. Es ist noch dunkel draußen, aber die Natur ruft.
Ich muss zur Toilette, es war doch ziemlich spät gestern Abend, jetzt drückt das Bier, wie man so sagt.

Die Kumpels vom Modellbahnverein waren lange geblieben. Wir haben mit meiner Modellbahnanlage gespielt, und die Frauen haben auch gespielt, nein, nicht mit der Modellbahn, sie haben Rommee gespielt. Ein schöner Abend war es.
Ich sehe auf die Uhr, 5.30. Der Hund kommt, bringt seine Leine an. Gehen wir Gassi, soll das heißen. Na dann, schlafen kann ich eh nicht mehr. Aber laufe ja nicht wieder dem Hasen hinterher.

Wir gehen einen anderen Weg, diesmal am Weiher entlang, zu dem kleinen Bach.
Bauer Lindemann kommt uns entgegen. „Ach, schon wach?“
„Ich konnte nicht mehr schlafen, und der Hund muss ja auch mal raus.“
„Dann einen schönen Samstag.“
„Ebenfalls.“
Ich gehe weiter, über die kleine Brücke. Jetzt kommt mir der Briefträger entgegen.
„Guten Morgen.“
„Guten Morgen.“
Er kramt in seiner Umhängetasche. „Ich hab ein Einschreiben für euch.“ Er zückt einen Bleistift. „Bitte hier unterschreiben.“ Ich schreibe und stecke den Umschlag in meine Jackentasche. Hoffentlich kein Knöllchen,

bin ich nicht neulich ein wenig zu schnell über die Landstraße gefahren? Na ja, ich sehe dann zu Hause nach.
Eine Krähe fliegt auf, krächzt heiser und fliegt über den Weiher auf das Feld.
Auf dem Feld hoppelt wieder der Hase, aber ich habe den Hund an der Leine, er zieht, ich ziehe zurück, der Hase schlägt Haken und ist verschwunden.
Der Hund schnauft und geht mit mir weiter. Gut, gehen wir wieder nach Hause. Halt, erst noch zum Bäcker, Mohnkuchen und Semmeln holen.
Vor mir steht wieder die Frau Gruber an. „Diesmal keine Wurschtsemmeln?“, fragt die Verkäuferin.
„Die Monteure sind über das Wochenende nach Hause gefahren, da nehme ich jetzt mal die Kirschtorte für unser Damenkränzchen heute Nachmittag.“
Die Verkäuferin packt alles in die Kuchenschale der Frau Gruber. Jetzt bin ich dran.
„Brenz, Semmeln, Mohnkuchen.“
„Alles?“
„Ja, für heute alles. Nein doch noch drei Wurschtsemmel für meinen Schwiegersohn in spe.“
Ich packe meine Käufe ein, und auf nach Hause. Schwierig mit dem Hund an der Leine

und dem Brötchenpaket auf dem Arm, die Tür aufzuschließen.
Mein Schwiegersohn öffnet.
„Ich habe dich kommen sehen. Immer herein."
Es duftet nach frischem Kaffee. Der Frühstückstisch ist gedeckt.
Der Hund bekommt sein Leckerli und verzieht sich auf seine Decke.
„Danke, dass du an meinen Mohnkuchen gedacht hast.", sagt meine Frau. „Danke, sehr lieb."
Gedacht, denke ich, ach ja, das Einschreiben.
Ich hole es aus meiner Jackentasche.
Aber doch nicht mit fettigen Fingern. Also, Hände waschen.
Fertig. Aber jetzt. Ich nehme das Brötchenmesser und öffne den Brief.

Sie haben gewonnen

So steht es da als Erstes in der Kopfzeile. Ich lese vor: „Sie haben gewonnen.“

„Ja“, sagt meine Frau, „das kennen wir doch schon. Neulich am Telefon. Sie haben gewonnen, herzlichen Glückwunsch, oder Glühstrumpf oder so. Aber so richtig haben Sie noch nicht gewonnen, Sie müssen erst mal jeden Monat 32 Lose a 56,95 € der XXL Lotterie kaufen, dann haben Sie gewonnen, oder eben auch nicht. Was gewinnt man dann?“
„Eine Fußwanderung nach Castrop Brauxel mit Selbstverpflegung“, sagt Marc.
Jetzt müssen wir doch schmunzeln.
„Kann ich es mal sehen, das Schreiben?“, fragt er.
Ich reiche es über den Tisch. Marc runzelt die Stirn. Es sieht wirklich seriös aus. Festnetznummer, Faxnummer, E-Mail-Adresse. Reiseunterlagen. Eine Kreuzfahrt für zwei Personen.
„Gut“, sage ich, „dann rufe ich da mal an.“
„Ob da jemand am Samstag rangeht“, meint meine Frau. Entweder Endlosschleife, oder „Sie rufen außerhalb unserer Geschäftszeiten an. Diese sind Montag bis Freitag von 11.55 bis 12.10 oder so.“
„Versuchen kann man es ja mal“, meint Mark. „Ich versuch’s.“ Er stellt das Telefon auf laut.

Eine freundliche Frauenstimme kommt aus dem Hörer: „Kreuzfahrtgesellschaft ‚Auf See', was kann ich für Sie tun?" Ja, das gibt ja gar nichts, denke ich.
„Ich bitte um ihre Reisenummer", sagt die Dame am Telefon. Mark nimmt das Papier.
„Also 0815 / 4711 / 008", liest er vor.
„Ich sehe nach", sagt die Frauenstimme. „Ja das hat seine Richtigkeit. Am 15.10., 9.30 Uhr am Hafen. Pier 16. Kreuzfahrtschiff Sea Star. Herzlich willkommen."
Mark fragt nach. „Mit wem habe ich gesprochen?" Er notiert den Namen.
„Ein schönes Wochenende.
„Ebenfalls."
Sehen wir doch mal im Internet nach, wie hießen die noch mal, ach so, ja, auf See. Es erscheint ein Bild eines Kreuzfahrtschiffes.
Durchaus positive Bewertungen. Dann schaun mer mal.

Und jetzt, nach 14 Tagen auf dem Schiff, geht es wieder nach Hause. Mal sehen, wann wir von Bord können.

Jetzt aber gibt es erst mal etwas zu essen. Ein kleines, aber feines Buffet ist aufgebaut.
„Hoffentlich müssen wir nicht noch über Nacht hier bleiben", sagt meine Frau.

„Wir werden es erfahren."
Über Nacht, denke ich … und dann denke ich an eine Nacht auf dem Bahnhof.
Viele Jahre her …

Die Nacht auf dem Bahnhof

Haben sie schon mal eine Nacht auf dem Bahnhof verbracht?
Da haben sie manches verpasst, es ist wirklich interessant. Besonders, wenn man nach einiger Zeit wieder nach Hause möchte.
Natürlich war meine Nacht auf dem Bahnhof nicht ganz freiwillig.
Die Straßenbahn, mit der ich zum Bahnhof fahren wollte, kam zwar pünktlich, aber dann. Bremsung, lautes Klingeln und dann steht die Bahn. Alle fragen sich, was los ist, wann geht es weiter. Ich sehe nervös auf meine Uhr. In zwanzig Minuten geht der Zug. Warum sagt man eigentlich *geht der Zug*, er fährt doch, oder. Na ja.
Der Straßenbahnfahrer öffnet nach einer Weile die Türen.
„Es wird wohl etwas länger dauern“, sagt er, „da steht ein Fahrzeug im Weg. Parkt an der Straße schon halb auf den Schienen. Wahrscheinlich muss das Auto abgeschleppt werden. Warnblinker ist nicht an. Da parkt einer rücksichtlos.“
Ich beschließe, auszusteigen. Bis zum Bahnhof sind es noch zwei Stationen mit der Bahn. Also los, laufen. Noch ein Blick auf die Uhr. Los geht’s, vielleicht hat der Zug ja mal Verspätung. Schaun wir mal. Wie das Leben so spielt, jede Fußgängerampel springt sofort auf

Rot. Es sind bis zum Bahnhof 4 Ampeln. Geh ich jetzt mal bei Rot rüber? In diesem Moment kommt ein Auto. 70 bis 80 Sachen geschätzt. Ich springe schnell zurück. Aber die Gerechtigkeit siegt. Vorn kommt die Kelle aus einem Auto, Zivilfahndung, denke ich. Ein schwarzer BMW. Ein Schild leuchtet in der Heckscheibe. Polizei bitte halt. Ich denke, seit wann ist man denn so höflich, bitte Halt. Na, die Zeiten ändern sich eben.
Endlich wird die Ampel Grün. Vor mir ist jetzt ein Rollerfahrer. Mal links mal rechts. Kein Vorbeikommen. Die Uhr zeigt an noch sieben Minuten bis zur Abfahrt.
Na dann, Mahlzeit oder so. Jetzt aber schnell die Treppe hoch, zu den Bahnsteigen. Wie viele Stufen denn noch. Osthalle. Endlich oben.
Fahrtrichtungsanzeiger, Zug nach Kikrispotschen 60 Minuten Verspätung. Was interessiert mich Kikirispotschen. Mein Zug. Heute am Bahnsteig 3.
Jetzt wird es wirklich eng. Hier ist Bahnstcig 24.
Also die Beine in die Hand nehmen, wie es so schön heißt, und los. Herrgott noch mal, müssen denn alle in die Gegenrichtung laufen. Ausgerechnet heute.
Endlich bin ich am Bahnsteig. Alles, was ich

vom Zug noch sehen kann, sind die Schlusslichter.
Mir fällt ein Zitat ein: „Hierzulande hat es so unpünktliche Eisenbahnen, die können nicht einmal ihre eigene Verspätung einhalten", na dann zum Fahrplan. Finger an die Zeilen. Früher war der mal beleuchtet, nein, nicht der Finger, bin ja nicht ET. Der Anzeiger ist dunkel. Zeile um Zeile lese ich, dann Abfahrt 5.15 Personenzug. Also ein „Trödelexpress", hält an jeder Milchkanne oder so. Es ist gerade mal 20.15.
Na toll. Kann denn der Zug nicht mal drei Minuten später abfahren, aber nein. Zurück geht nicht, keiner mehr da, die Verwandtschaft ist mit dem Bus unterwegs nach Spanien. Ole, Ole wir fahrn nach Barcelona zu unsrer Oma, kommt mir in den Sinn.
Ich sehe mich um, Blumen Hanisch, geschlossen, der Zeitungsladen gegenüber auch. Es brennt nur noch das Notlicht. Ich sehe mich weiter um.
Gab es nicht hier mal ein Zeitkino, fällt mir ein. Da konnte man jederzeit rein und auch wieder raus. Auch wenn es nicht gerade gemütlich war, aber immerhin.
Ich gehe die Treppe hinunter. Am Kino hängt ein Schild. Wegen technischer Störung heute geschlossen. Gut, gut, dann vielleicht etwas

essen gehen. In die Bahnhofsgaststätte, Mitropa, alles besetzt. Kein einziger freier Platz. Hat sich denn die ganze Welt heute gegen mich verschworen. Das gibt es ja gar nicht. Vielleicht hat in der Stadt noch etwas auf. Los geht's, über den Bahnhofsvorplatz, Ampel rot.
Jetzt fahren die Straßenbahnen wieder. Also, denke ich, die Rechnung für Verkehrsbehinderung möchte ich nicht haben.
Ich überlege.
Dort ist der Schwanenteich, da die Oper. Aber so richtig angezogen bin ich dafür nicht. Im Koffer führe ich immer eine Krawatte mit. Noch mal zum Gepäckschließfach. Krawatte herausnehmen und Koffer wieder rein.
Über den Bahnhofsvorplatz. Wieder alles rote Ampeln.
Am Schwanenteich vorbei zur Oper. Am Eingang steht ein Schild. Heute Vorstellung nur für Anrecht. Ich frage an der Theaterkasse nach. Kein einziger Platz mehr frei. Es wird Turandot gegeben.
Niemand schlafe in dieser Nacht, denke ich, ja, wie denn auch, auf der Bahnhofsbank oder so?
Na, vielleicht sollte ich etwas essen gehen. Die Uhr zeigt 21.10, noch lange hin bis fünf Uhr morgens. Also die Ritterstraße hinauf,

Desch Käschtle, ein kleines Restaurant, an einer Straßenecke, heute geschlossene Gesellschaft, steht auf dem Schild.
Toll.
Die Eisbar nebenan hat noch offen. Na, das ist nichts für mich. Zurück zum Bahnhof. Mal sehen, ob es da etwas gibt. Mitropa. Wer weiß schon heute noch, was Mitropa heißt „Mitteleuropäische Speise und Schlafwagengesellschaft“.
Zweiter Versuch in der Mitropa heute. Vielleicht klappt's.
Einige Plätze sind frei. An einem Tisch sitzen zwei ältere Herrschaften.
„Ist hier noch frei?“, frage ich.
„Bitte“, der Herr deutet auf den freien Platz.
„Guten Abend.“
„Ebenfalls“, sagt die Dame.
„So spät noch unterwegs?“
„Ja, ich habe den Zug verpasst, nur um vielleicht drei Minuten, aber verpasst ist verpasst.“
„Na, essen Sie erst mal was“, sagt die Dame und tätschelt meine Hand, „dann sieht die Welt wieder besser aus. Sie erinnern mich irgendwie an meinen Enkel.“
Der Kellner kommt mit einem Tablett Halblitergläser Bier. Ich hebe die Hand. Zwei Striche auf den Bierfilz, Bier abgestellt, weiter

geht's.
„Dieser Ober macht nur die Getränke", sagt der Herr.
Jetzt habe ich zwei Bier, na, da muss der Kellner nicht so oft laufen. So geht es schneller. Mal sehen, was es noch zu essen gibt. Ich erinnere mich noch, vor vielen Jahren war ich mit meinem Vater hier. Da wurde ein Film gedreht und ich durfte zusehen.
In der Mitropa gab es Rouladen mit Klößen und Rotkohl. Als ob die alte Dame meine Gedanken lesen könnte, sagt sie: „Rouladen sind aus, aber der marinierte Hering soll so gut sein."
Ich blättere doch mal in der Speisekarte. Also den Hering, wenn es den noch gibt. Hering mit Apfel, Zwiebel, und Pellkartoffeln. Oder die Wurstplatte.
Kennen sie eine sächsische Wurst mit U, nein, na Uffschnitt. Ich weiß, sie haben schon mehr gelacht. Ich bestelle den Hering, mit Pellkartoffeln.
Hoffentlich muss ich die Pellkartoffeln nicht noch selber pellen. Nein, die sind schon nackig, das Essen kommt. Ich sehe schon den Kellner eilen.
„Guten Appetit."
„Ja, danke."
Der Fisch macht Durst, noch ein Bier. Das ist

aber das letzte für heute, na ja, mal sehen.
Jetzt erinnere ich mich, dass es einmal Getränkeautomaten gab auf dem Bahnhof. Gegenüber den Bahnsteigen. Zitrone, Orange, Waldmeisterbrause, richtig grün, nicht die Automaten, die waren gelb, grün war die Brause, und Sprudel-Wasser. 20 Pfennig für Brause, 10 Pfennig für Wasser. Geschmeckt hat es immer gut.
Erinnerung an die Kindertage. Lange her, aber schön war's doch. Herr Ober bitte. Bringen Sie ein bisschen Geld, wir möchten zahlen, denke ich und höre im Kopf meine Frau, Gipskopf sagt sie. Ich bin im Begriff, aufzustehen. Der Stuhl klemmt etwas, aber dann geht es doch.
„Ich wünsche noch einen schönen Abend."
Die älteren Herrschaften bleiben noch sitzen. Die Dame sagt: „Wir feiern hier unseren 50. Kennenlerntag. Bleiben Sie doch."
Na gut, denke ich.
Die Frau beginnt zu erzählen. „Es war hier kurz nach dem Krieg. Vom Bahnhof standen fast nur noch die Mauern, viele Gleise waren zerstört. Da haben wir uns kennengelernt. Heimkehrerzug hieß das damals, 1952. Ich war allein, und Hans wusste nicht so recht wohin, da hab ich ihn halt mitgenommen. Es war Liebe auf den ersten Blick."

50 Jahre zusammen, Respekt. Schön, so eine Liebe bis ins hohe Alter hinein.
Er nimmt ihre Hand und streichelt sie zärtlich. Beide scheinen jetzt in Erinnerungen gefangen zu sein.
Der Kellner bekommt ein gutes Trinkgeld. Die Bahnhofsuhr an der Westhalle zeigt 23.01 an. Ich gehe noch mal an den Fahrplananzeiger. Man sieht fast nichts. Jetzt wünsche ich mir den Leuchtfinger von ET. Zeile für Zeile ablesen, vielleicht geht doch ein Zug früher. Nein, natürlich nicht. Oder mit dreimal Umsteigen. Also doch warten. Der Minutenzeiger der Bahnhofsuhr rückt langsam weiter. Sehr langsam, wie mir scheint.
Einmal die Bahnsteige entlang. Am Gleis 13 steht ein junger Mann. Er hält einen Strauß Blumen in der Hand. Immer wieder sieht er auf die Uhr.
Kommt um diese Zeit überhaupt noch ein Zug an. Ich weiß es nicht. Der Ankunftsanzeiger ist dunkel.
Vielleicht kommt sie noch, oder sie hat ihn versetzt. Zugverspätung, anderes Gleis. Es wird interessant.
Jetzt geht er zum Abfallbehälter. Wirft er die Blumen weg?
In diesem Moment kommt eine junge, sehr

hübsche Frau. Sie legt den Finger auf ihre Lippen, sagen Sie nichts, soll das heißen. Ich nicke leicht. Sie kommt langsam an ihn heran und legt ihre Hände auf seine Augen. „Schön, dass du da bist.“

„Schienenersatzverkehr, wir sind vor dem Bahnhof angekommen“, sagt sie. „Und dann dachte ich, ich finde dich hier. Wolltest du die Blumen wegwerfen?“

„Nein, nein, nur kurz ablegen.“

Das ist eine Notlüge, denke ich so für mich. Nur, manchmal liegt tatsächlich etwas Brauchbares im Abfall. Neulich war da eine Modellbahnzeitschrift drin, wer wirft denn so etwas weg.

Jetzt gehen die beiden eng umschlungen zur Ausgangstreppe. Und ich bin fast ganz allein hier auf dem Bahnhof. Nur ein paar unermüdliche Tauben stolzieren herum, immer auf der Suche nach Futter. Sie lassen sich von mir nicht stören. Ich sehe mich um, der Bahnhof ist ein Prachtbau aus der Dampflokzeit.

Inzwischen ist es Mitternacht geworden. Ein neuer Tag. Jetzt gehe ich mal einen Bahnsteig bis zum Ende hinauf, bis zu den Ausfahrtweichen. Einfach mal umsehen.

Dort steht eine kleine Bank. Gut, ein wenig ausruhen.

Die Weichenlaternen leuchten wie kleine Sterne, die vom Himmel gefallen sind, am Stellwerk blinkt ein kleines Licht. Nacht über den Gleisen.
Ich laufe weiter.
Weit hinten fährt eine Rangiereinheit, eine kleine Diesellok mit zwei Kesselwagen. Ein Pfiff ertönt.
Die Lok setzt sich in Bewegung. Jetzt höre ich eine Stimme, hinter mir.
„Weiter dürfen Sie aber nicht mehr gehen, was machen Sie eigentlich um diese Zeit auf dem Bahnhof?“
„Ich habe meinen Zug verpasst“, sage ich und erzähle von der Straßenbahn und den roten Ampeln.
Der Eisenbahner zieht seine Taschenuhr aus der Westentasche.
„Na ja, kurz nach Mitternacht. Da taucht er manchmal auf.“
„Wer taucht auf?“, frage ich.
„Na, der Mann im Tunnel.“
„Ich sehe hier weit und breit keinen Tunnel.“
„Den können Sie auch nicht sehen. Der Tunnel führt unter den Bahnsteigen 1 bis 24 hindurch. Wenn man es mal eilig hatte und den Weg kannte, kam man viel schneller zu den Zügen. Der Tunnel ist zwar noch offen. Wird aber kaum benutzt. Einige alte Lampen und

Signalschilder sind dort unten. Und der Mann im Tunnel.“

„Ach ja? Erzählen Sie doch mal!“

„Das ist eine alte Geschichte. Vor vielen Jahren gab es noch Feuertüren im Tunnel. Die ließen sich nur von außen öffnen. Und einige Abstiege zu den Bahnsteigen. Dort gab es auch noch einige kleine Räume, wo Öl und Schmiermittel gelagert wurden.

Ein wahres Labyrinth. Ein Eisenbahner wollte damals, es ist schon recht lange her, Lampenöl für seine Dampflok holen. Er wurde nie wieder gesehen. Es heißt, er habe die Feuertür nicht beachtet. Diese Feuertüren gehen, wie ich schon sagte, nicht von innen auf. Die Suche nach ihm blieb erfolglos. Man fand nur seine Mütze und den Kanister mit dem Lampenöl. Seitdem spukt es manchmal. Hin und wieder muss einer von uns nach dem Rechten sehen. Wissen Sie was, kommen Sie doch einfach mit. Es ist zwar nicht gestattet, aber wenn Sie nichts sagen …“

Er legt den Finger auf den Mund. Ich ebenfalls. Das soll heißen, ich schweige.

„Kommen Sie!“

Wir gehen an einem, wie es scheint, kleinen Kiosk vorbei. Geschlossen steht auf dem Schild.

Der Eisenbahner kramt in seiner

Umhängetasche. Ah, da ist er ja, der Schlüssel. Und nun noch die Lampe.
Er nimmt die Lampe von einem Haken, dort hängt auch ein altes Schild, Betreten auf eigene Gefahr. Völlig verrostet, aber noch lesbar.
Es steigt eine Treppe hinunter. Über der Treppe steht eine Zahl. 13.
„Das ist Bahnsteig 13. Wir sind nicht abergläubisch, es gibt aber einen Bahnsteig 12 A, der liegt außerhalb der Bahnhofshalle."
Der Tunnel scheint sehr lang zu sein. Die Lampe erhellt immer nur ein kleines Stück.
„Gibt es hier kein Licht?", frage ich gerade, als ich bemerke, wir sind hier nicht allein. Irgendetwas hat sich im Schein der Lampe bewegt. Ein Tier wohl kaum?
Es war wie ein menschlicher Schatten.
„Haben Sie das gesehen?"
„Ja, schon, aber ist es der Geist oder nur einer unserer Schatten?" Ich glaube, Schritte zu hören. Sie entfernen sich. Jetzt ein Geräusch, als ob eine Tür zuschlägt. Mir wird eiskalt. Wir gehen im Schein der Lampe weiter.
Eine Tür ist da, aber keine Klinke. Also zurück.
„Vom Tunnel führt immer wieder ein Aufgang zu den Bahnsteigen", sagt der Eisenbahner.

Wir gehen schon wieder nach oben. In diesem Moment hören wir ein geradezu höhnisches Lachen. Es scheint von hinter der Tür zu kommen. Also in die andere Richtung weitergehen. Wieder eine Tür. Aber irgendwie muss es doch einen Ausgang zu den Bahnsteigen geben. Jetzt flackert auch noch die Lampe. Na, Mahlzeit.
Was aber wirklich flackert, ist eine Taschenlampe. Ein Bahnpolizist steht vor meiner Bank.
„Ihren Ausweis bitte, und wenn Sie haben, die Fahrkarte."
Ich krame in meiner Jackentasche, beides da.
„Mein Zug geht so gegen fünf Uhr."
„Na, da haben Sie ja noch etwas Zeit. Die Bahnsteiguhr zeigt 3.56. Um vier öffnet die Mitropa heute, es gibt Frühstück und heißen Kaffee zum halben Preis."
Zur Feier des Tages. 50 Jahre Mitropa hier auf dem Hauptbahnhof. Weit draußen über dem Gleisfeld erscheint das erste zaghafte Tageslicht.
Ein langsam heller werdender Streifen am Horizont. Die ersten Gleisleuchten gehen aus. Die Wartesignale und die Weichenlaternen leuchten noch. Die erste S-Bahn fährt ein.
Mir fällt ein, dass Bahnhöfe nicht nur zum Abfahren da sind, sondern auch zum

Ankommen. Also gut, dann noch schnell zum Frühstück.

Es sind noch nicht sehr viele Leute da. Aber das Frühstücksbüffet erste Wahl. Rührei, Spiegelei. Würstchen, Aufschnitt.

Den Teller vollgepackt, und dann zur Kasse. Der frische Kaffee dampft noch in der Tasse und riecht einfach köstlich. Ich sehe mich nach einem Tisch um, als mir jemand zuwinkt.

„Kommen Sie hierher!“

Es ist das ältere Paar von gestern Abend.

„Guten Morgen“, wünsche ich.

„Ebenfalls guten Morgen“, kommt es zurück. „Nehmen Sie doch Platz.“

Gut, ich setze mich zu den beiden.

„Wir haben gestern noch spontan ein Hotelzimmer genommen“, sagt der Herr, als hätte er meine Frage geahnt. „Wir wollten noch einen Tag hier verbringen. Da, wo wir uns kennengelernt haben. Jetzt ist es eine schöne Stadt.“

Ich stimme zu. Ich habe auch einmal hier gewohnt. Direkt am Mariannenpark. In der Lindenallee. Lange her, ich bin schon mit 19 weggezogen, aber etwas verbindet einen immer mit der Heimatstadt. Mir fällt eine Frage ein.

„Wie war das damals eigentlich, so nach dem

Krieg, wenn ich das fragen darf."
„Also ich wurde noch in den letzten Kriegstagen eingezogen, dann, als dieser unsinnige Krieg schon verloren war. Wir kamen nicht mehr ganz zur Front, als es hieß Rucki wersch, zu Deutsch Hände hoch. Eine russische Vorhut hat uns gefangen genommen. Für uns war der Krieg zu Ende, ohne einen einzigen Schuss abgegeben zu haben. Ich bin froh darüber. Irgendwann wurde ich bei einem Appell im Gefangenenlager aufgerufen. Es geht in die Heimat, hieß es. Unser Zug war vier Tage hierher unterwegs. Dann kamen wir an. Bahnsteig. Meine Frau, das heißt, damals war es noch nicht meine Frau, stand dort am Bahnsteig. Sie war Sanitäterin. Ja, wie sehen Sie denn aus? Hier ist erst mal etwas zu trinken, und rasiert gehören sie auch einmal. Aber gescheit, hat sie gesagt. Es gab dort in der Nähe eine Badeanstalt. Da hat sie mich hingebracht, und ab in die Wanne. Jetzt kommt langsam wieder ein Mensch zum Vorschein, hat sie gesagt. Irgendwie war es schon Liebe auf den ersten Blick. Es war damals so. Jetzt sind wir 35 Jahre verheiratet. Eine lange und schöne Zeit."
Irgendwie schaut seine Frau jetzt ganz verträumt.
Ich sage: „Ich, hole mir noch einen Kaffee,

soll ich noch etwas mitbringen?"
„Für mich nicht", sagt die Frau, „aber für meinen Mann noch einen Kaffee bitte."
Zurück am Tisch halten sich beide an den Händen. Ich denke wieder, schön so eine Liebe bis ins Alter.
Langsam muss ich mal wieder auf die Uhr sehen. Donnerwetter 5.30. Der Zug ist weg.
„Es fahren noch mehr Züge", sagt der Herr, „übrigens, ich heiße Heinz."
„Frank", erwidere ich, „jetzt haben wir uns aber wirklich ein wenig verplaudert, aber so oft trifft man sich ja nicht, wie das Leben eben so spielt."
„Ich bin gleich wieder da", sagt seine Frau und steht auf Richtung Bahnhofstoiletten.
Plötzlich muss er lachen. „Ich muss Ihnen, nein, dir, mal einen Streich erzählen. Es war im Krieg und hier auf dem Bahnhof. Da ist ein SS-Mann ganz schnell zur Toilette gelaufen. Mein Freund und ich mussten auch einmal, aber alle „Töpfe" besetzt. Der SS-Mann hat sich da einfach vorgedrängelt. Gut, dann warten wir eben. Jetzt kommt die Frage aus der Tür, Volksgenosse gibt's nebenan noch Papier, hier ist keines mehr. Wir sahen uns um, da war noch eine Rolle auf dem Waschbecken, und dann, dann haben wir die Rolle völlig nass gemacht und unter der Tür

durchgeschoben. Den Schrei vergesse ich nicht wieder. Wir sind dann ganz schnell zur anderen Toilette in der Osthalle abgehauen. Ja, so war das damals."
Gut, denke ich, dass ich das damals nicht erlebt habe. Ich weiß noch, wie mich mein Vater mitgenommen hat zum Dreh eines Kriegsfilmes.
Da ist einer doch durch diesen Tunnel unter den Gleisen entkommen, ich glaub, so war es. Gibt es den eigentlich noch?
Seine Frau kommt zurück.
„Ich habe nachgesehen, der nächste Zug fährt erst heute Nachmittag, 15.07."
„Da haben wir noch ein wenig Zeit. Stadtrundfahrt?", frage ich. „Warum eigentlich nicht."
Der Bus ist ein alter Londoner mit der offenen Treppe am Ende. Schön, die alten Stätten der Kindheit mal wieder zu sehen.

„Sag mal, träumst du?", meine Frau stuppst mich liebevoll an. „Ich hole dir einen Kaffee, der macht wieder munter."
„Weißt Du noch, wie wir uns wieder gefunden haben, damals wollte ich auch einen Kaffee …

Ein total verrückter Morgen, oder ist heute Freitag der 13?

Irgendwie, ich weiß nicht, warum, kann ich nicht mehr schlafen, obwohl ich gestern sehr spät, oder war es schon heute Morgen, endlich zu Bett gegangen bin. Meine Kumpels und ich haben bis in die Nacht mit meiner Modelleisenbahn gespielt. Na, was man so spielen nennt. Fahrbetrieb ist das eigentlich. So nach selbsterdachtem Plan. Und einige Bierchen waren auch dabei. Warum habe ich auch einen Biergüterwagen auf der Bahn, da kommen sie immer auf die Idee, der könnte uns ein Bierchen bringen. Also Kühlschrank auf. Jeder bringt etwas mit. Dann, wie jedes Mal, Sammeltaxis nach Hause.

Ich habe den kürzesten Weg ins Bett. Jetzt tönt, wie oft gehört mitten in der Nacht, das Pfeifen der Lok, wenn sie den Bahnübergang in der Nähe überfährt. Ich höre es ja ganz gern, aber nicht immer um 5.25 den Frühzug in die Stadt. Aber was soll's, bin eh etwas munter, also was man munter nennen kann um diese Zeit. Fenster auf. Frische Luft soll ja helfen.

Denkste, es duftet unheimlich gut, gegenüber fährt Bauer Lindemann Gülle aufs Feld. Fenster wieder zu. Ich gehe in die Küche, Kaffee hilft vielleicht, oder auch nicht. Was ist das jetzt. Die Kaffeemaschine streikt. Also Kaffee nach althergebrachter Art. Wasserkessel

auf den Herd stellen. Ich habe noch so einen alten Pfeifkessel, der lärmt, wenn das Wasser kocht. Das tut er auch heute nach einer ganzen Weile, er pfeift durchdringend. Ich nehme den Pfeifenkopf ab und verbrühe mir fast die Finger. Kaltes Wasser über die Hand soll helfen, denke ich, Schmerz lass nach. Ich suche den Kaffee. Dose auf, na, für eine Tasse reicht's kaum noch. Gestern hatte ich doch noch meine Lieblingstasse, die mit der alten Lokomotive darauf. Ah, da ist sie ja, schnell noch abspülen, und dann fällt sie mir herunter. Tausend Scherben. Toll.
Das lässt sich nicht mehr kleben, selbst wenn, dann schmeckt der Kaffee nach Leim, nein danke.
Der Tag fängt ja gut an. Wo zum Teufel ist eigentlich meine Brille. Na, es geht ja auch mal ohne, schone ich sie eine Weile.
Da liegt sie ja, im Waschbecken im Badezimmer. Es war halt doch spät gestern oder heute Morgen, na, wie auch immer.
Auf einmal wird es recht dunkel.
Was ist denn jetzt los? Lichtschalter ein, nichts passiert. Ein, aus, keine Wirkung. Also nach dem Strom sehen. Sicherungen sind drin, FI-Schutzschalter auch in Ordnung.
Jetzt klopft es an der Tür. Bauer Lindemann steht da.

„Guten Morgen“, sagt er, ich denke, was ist an diesem Morgen denn schon gut, „kein Kaffee, der Toast verbrannt, was hier fehlt, ist deine Hand“, kommt mir ein Lied in den Sinn.
„Ein Lkw ist von der Straße abgekommen“, sagt Bauer Lindemann, „und der hat den Strommasten umgehauen, es dauert bis in den Nachmittag, bis der Schaden behoben ist. Zum Glück ist niemand verletzt worden.“
Zurück in der Küche, das Kaffeewasser ist kalt geworden.
„Dann geh ich halt zum Dorfkrug Kaffee trinken. Der kocht auch ohne Strom auf dem alten Holzofen“, sagt Bauer Lindemann.
Wieder keinen Kaffee. Gut, dann, wie heißt es, Milch macht müde Männer munter. Na super, die Milch ist sauer. Als ich sie eingieße, flockt es nur in der Tasse. Das geht ja gut weiter.
Dann mach ich mir wenigstes ein Rührei. Ach, das geht ja auch nicht, kein Strom. Ich beschließe, hinauszugehen, bis ins Nachbardorf ist es nicht weit, vielleicht gibt es dort beim Hannes Kaffee und Frühstück.
So, jetzt noch die Schuhe an, was ist das, der Schnürsenkel reißt. Aber so kurz, das geht nicht einzufädeln. Na gut, dann eben die Gummistiefel, schließlich sind wir auf dem Dorf. Laufen oder das Fahrrad nehmen?

Das Fahrrad.
Fahrrad mit Gummistiefeln, nein, das geht nicht. Die anderen Schuhe sind beim Besohlen. Da fällt mir ein, die alten Turnschuhe habe ich ja auch noch. Zurück, die Turnschuhe an, das ist besser.
Ich habe Frühstückshunger und Kaffeedurst.
In der Scheune steht das Rad. Prompt ein Platter. Ich denke an einen Witz: Du, schau mal, der Reifen ist platt. Überall? Nein, nur unten.
Flickzeug? Fehlanzeige, das habe ich doch vorige Woche Bauer Lindemann gegeben.
Das Wandern ist des Müllers Lust, das Lied will mir nicht so recht von den Lippen. Immer die Landstraße entlang zum Nachbardorf.
Nach einer Weile komme ich am Dorfkrug „Zum Hanneswirt" an. Tür ist zu. Jetzt sehe ich das Schild: Wegen Familienfeier heute geschlossen.
Es wird immer besser. Dann eben in den Dorfkonsum. Ich trete ein. Die Ladenglocke bimmelt.
„Heute keine heiße Theke, technischer Defekt", sagt der Inhaber.
Ein Monteur im Blaumann, kniet vor der heißen Theke, die heute kalt bleibt. Also auch kein Leberkäsbrötchen, oder ein Fleischpflanzel. Ohne Strom würde die eh nicht laufen.

„Ich sehe mich um, die Brötchenkiepe ist leer. Da waren heute die Monteure schon da, die, die Stromleitung wieder richten sollen, die haben alle Brötchen mitgenommen, und auch einen Kasten Bier. Dauert dann halt länger. Wenn die dann nach dem vierten Bier zwei Strommasten sehen, wissens halt nicht mehr, welchen sie richten sollen."
Das kann ja heiter werden.
„Kann ich einen Kaffee haben?", frage ich.
„Ach so, ja, kein Strom. Kalten aus dem Regal?"
Kein Strom. Kalter Kaffee, nein danke. Ein wirklich schöner Morgen. Na ja, es kommt, wie es soll.
Gut, dann erst mal eine rauchen, geht auch nicht, die Zigaretten zu Hause vergessen. Neben der Tür hängt ein Zigarettenautomat. Doch was ist das, im Einwurfschlitz klemmt eine Münze fest. Na, vielleicht sollte ich das Rauchen aufgeben. Hatte ich ja sowieso vor.
Irgendwo in der Ferne pfeift wieder eine Lok. Das ist die Fernstrecke nach Leipzig. Jetzt kann ich auch den Zug sehen, eine endlose Schlange mit Kesselwagen. Einen Moment stelle ich mir vor, dass in einem der Kesselwagen frischer Kaffee wäre. Zugegeben, ein wenig zu viel Kaffee, ein, zwei Tassen würden schon genügen, aber woher nehmen.

Irgendwie schon ein seltsamer Morgen. Jetzt fällt mir ein, hier gibt ja noch eine Frühstückspension, Frühstück, Kaffee, nichts wie hin, immer die Dorfstraße hinunter, dritte Straße links.
Na, schaun mer mal. Eine Straße. Die zweite, und dann. Heute geschlossen, Ruhetag. Das gibt es doch gar nicht, oder doch. Ja leider. Also gut, dann ich gehe wieder zurück nach Hause. Aber da ist auch nichts mit Frühstück. Es ist wie verhext. Ich gehe, wie ich denke, den richtigen Weg zurück.
Plötzlich ein Polizeiauto neben mir.
„Guten Morgen."
„Guten Morgen", erwidere ich, und denke, was soll an diesem Morgen schon gut sein. Denke ich ein weiteres Mal.
„Können Sie uns helfen, wir haben uns wohl verfahren, sind wir in …"
„Da sind Sie ja ganz falsch."
„Unser Navi hat uns wohl in die Irre geführt. Wir sind erst kurz in dieser Dienststelle."
Ich zeige den Weg. „Greitheim liegt da drüben."
„Also wir würden Ihnen ja gern wenigstens einen Kaffee anbieten, aber die Pflicht ruft."
„Der ist eh alle, die Thermosflasche ist leer. Nachtschicht, und dann auch noch der Unfall, wo wir hin müssen", sagt sein Kollege. „Es

hieß zum Glück nur Blechschaden. Sollen wir Sie mitnehmen?"
„Danke, ich möchte woanders hin."
Das Polizeiauto fährt mit Blaulicht davon. Mist, wieder kein Kaffee.
Also weiterlaufen, so weit die Füße tragen. Die Landschaft ist schön. Erstes Grün und erstes Gelb, es wird Frühling. Ich liebe die zwei Jahreszeiten Frühling und Herbst, Werden und Vergehen.
Wobei Vergehen die Zeit der Ernte ist.
In Gedanken verloren bin ich wohl etwas vom Weg abgekommen. Ich komme an einem Bauernhof vorbei, den ich noch nie gesehen habe. Neu kann er nicht sein, von den Ziegelwänden fällt schon der Putz ab. Neugierig gehe ich ein Stück darauf zu.
Ein Hund bellt, bellt wie verrückt, ein Fremder, soll das wohl heißen. Weg hier, da ist mein Revier.
Zum Glück ist er an einer langen Kette angebunden. Er springt wie verrückt hin und her. Ich schließe daraus, hier kommt nicht oft jemand vorbei. Eine Stimme ruft. „Harrass, aus, es ist gut. Entschuldigen Sie bitte, aber wir sind hier etwas abgelegen, da reagiert der Hund immer."
Der Hund hat den Kopf auf seine Pfoten gelegt und beobachtet mich, wie es scheint

misstrauisch.
„Ich bin hier der Hofbesitzer“, sagt der Mann, „kann ich Ihnen helfen?“
„Vielen Dank, ich wollte nur hier irgendwo einen Kaffee trinken und frühstücken, aber es ist entweder geschlossen, oder die Kaffeemaschinen sind defekt.“
„Ich würde Ihnen so gern einen Kaffee anbieten, aber wir trinken keinen. Der Magen verträgt’s nicht so recht, wissen Sie, und meine Frau trinkt nur Kräutertee.“
Ich frage nach dem Weg nach Hause ins andere Dorf. Ich kenne mich hier noch nicht so gut aus.
„Dort den kleinen Weg, dann am Bach entlang, und dann müssten Sie schon das Dorf sehen.“
Ich bedanke mich, grüße den Hund, der schnauft, steht kurz auf und legt sich wieder hin.
An der Scheunenwand sehe ich ein Plakat. Ein Mann, das bin ja ich, sitzend auf einem Holzstapel an einer Landstraße, eine Tasse, auf der ein Kaffee abgebildet ist, darunter der Satz „Ich gehe meilenweit für einen Kaffee,“ die Marke ist verwischt.
Ich reibe mir die Augen, das Plakat ist verschwunden. Wie war das jetzt? Den kleinen Weg bis zum Bach. Na gut, also weiter. Der

Weg führt über die Felder. Hier war ich auch noch nie. Es ist einfach nur schön. Die Natur erwacht, und allmählich werde ich auch ohne starken Kaffee richtig munter.
Da ist eine kleine Bank. Einfach mal hinsetzen, schließlich habe ich heute und morgen frei. Am Himmel ziehen weiße Wolken dahin. Ich versuche, in den Wolken Figuren zu sehen. Ein Spiel, das wir als Kinder oft gespielt haben. Diese Wolke sieht aus wie ein Krokodil. Gibt es am Himmel Krokodile?
Die andere Wolke sieht aus wie ein Hase mit langen Ohren. Eine wieder anders, wie ein Hund. Ein Schwan, ein Drachen, es macht Spaß.
Einfach mal träumen. Wieder fällt mir ein Lied ein. „Ich schau den weißen Wolken nach."
Plötzlich wird es etwas nass an meinem rechten Hosenbein. Was ist los. Auge nach unten. Da steht ein Schäferhund an der Bank, und schaut mich unschuldig an.
„Verzeihen Sie bitte, normalerweise macht das der Hund nicht. Nur bei Leuten, die er mag. Ich sehe auf und in die Augen einer sehr hübschen Frau. Sie trägt ein schönes Frühlingskleid.
„Darf ich mich einen Moment zu Ihnen setzen?", fragt sie.

Ich deute mit der Hand auf den freien Platz, neben mir. Der Hund legt sich vor die Bank. Sie sieht mich an, reicht mir die Hand.
“Susanne.“
„Frank“, antworte ich ein wenig verblüfft ob der persönlichen Ansprache. Irgendwie kommt mir die Frau seltsam bekannt vor, ich weiß nur nicht, woher.
Wir sehen beide zum Himmel.
„Da ist ein Drachen.“ Sie deutet auf eine Wolke. Wirklich sieht die Wolke aus wie ein Drachen, furchterregend, das Maul weit aufgerissen.
„Und da,“ sage ich, „ein Schmetterling, dort links.“
Sie sieht hin. „Ja, da ist ein Schmetterling.“
Mir fällt ein Witz ein. „Sagen Sie mal, kann ein Politiker wirklich Politik machen? Im Prinzip schon, aber haben Sie schon mal einen Zitronenfalter Zitronen falten sehen?“
Sie lacht sehr herzlich und sieht mich an.
„Wissen Sie, ach Quatsch, komm du mit einfach zu mir, dann kann ich deine Hose auswaschen, und bügeln.“
Ich muss zugeben, dass Bügeln nicht unbedingt zu meinen Lieblingsbeschäftigungen zählt. Ich bin einverstanden.
„Bei mir gibt es auch einen guten Kaffee.“
Ja kann denn die Frau Gedanken lesen? Sind

wir verwandte Seelen? Wie schon gesagt, irgendetwas ist mir an ihr vertraut.
Wir gehen los. Der Hund rennt voraus, aber er sieht sich immer wieder nach uns um. Am Himmel zieht ein Flugzeug vorbei. „Himmelsschreiber haben wir als Kinder gesagt“, sage ich mit dem Blick in den Himmel. „Diese Kondensstreifen haben wir oft gesehen.“
„Ja, das kenne ich auch, Himmelsschreiber“, sagt sie und schaut nach oben.
„Komm, es ist nicht mehr weit.“
Jetzt wird mir bewusst, dass sie immer du gesagt hat, na gut, o. k.
Wir kommen nach einer Weile, beim Gehen gab es immer wieder verstohlene Blicke zwischen uns, bei ihr daheim an. Ein alter, aber gepflegter Bauernhof.
„Wohnen Sie …?“
„Du“, sagt sie.
„Also gut, wohnst du alleine hier?“
„Nein, meine Tochter und der Schwiegersohn haben hier eine Wohnung. Wollen wir beim Du bleiben?“
„Ja“, sage ich.
„Also, ich sehe mal nach, ob ich eine passende Hose von meinem Mann finde, er hatte so ziemlich dieselbe Größe.“
Die Hose passt, und ich sitze auf einer Bank

vor der Scheune.
Die Sonne taucht die Landschaft in ein warmes Licht. Am Hoftor steht eine alte Linde. Das Licht scheint durch die Äste und Blätter und wirft seltsame Schatten auf die Erde. Da sitzt ein Star auf einem Ast. Dort ein Schmetterling, dann eine Ameise. „Was siehst du da?“, fragt sie.
„Ich sehe einen Star, einen Schmetterling, eine Ameise, und Licht, das durch die Blätter fällt.“
Sie ist herangekommen, ohne dass ich es bemerkt habe. Sie legt sanft ihre Hand auf meine Schulter. Ich drehe mich um.
„Möchtest du mit uns essen. Das Mittagessen ist gleich fertig.“ Wieder dieser Gedanke, welch seltsame Vertrautheit.
Warum eigentlich nicht. Gibt es einen Kaffee, denke ich gerade, als sie sagt: „Und Kaffee gibt auch immer zur Mittagszeit bei uns.“
Sie geht voraus ins Haus. Ich muss mich etwas ducken, die Tür ist sehr niedrig. Im Raum stehen ein Tisch, zwei Holzbänke und ein Schaukelstuhl. Ein blauweißes Tischtuch und eine Vase mit frischen Sommerblumen auf dem Tisch. Es duftet herrlich. Das Essen kommt.
Erbsensuppe mit Bockwurst. Das haben wir früher an der Feldküche gekocht. Dieser

Geschmack, wenn wir Buchenholz hatten zum Feuern …
Ihre Tochter und der Schwiegersohn sind jetzt auch da.
„Also, einen guten.“
Die Terrine ist bis obenhin gefüllt. Es gibt ein deftiges Bauernbrot dazu. „Selbstgebacken“, sagt sie. „Wir haben noch den Backofen vom Großvater, den halten wir in Ehren.“
Es schmeckt super.
„Kaffee?“, fragt sie.
„Aber sehr gern.“
Endlich gibt es Kaffee.
„Wir rösten den selber“, sagt ihre Tochter.
Was zum Teufel können die eigentlich nicht. Irgendwie fühle ich mich fast ein wenig heimelig.
„Komm, noch ein wenig Mittagsruhe.“ Sie führt mich in die Bauernstube.
„Ich komme gleich wieder“, sagt sie und geht aus der Stube über den Hof, soweit ich das sehen kann. Ich blicke mich ein wenig um. Ein alter, aber gut erhaltener Kachelofen, ein Sofa, rustikale Stühle, und dann sehe ich es. Ein Bild, eingerahmt in einem schlichten Rahmen. Ein Klassenfoto.
1967 Klasse 8 b steht darauf. Ich nehme das Foto in die Hand und erstarre für einen Moment.

Das bin ja ich, neben Susanne. Sie war meine erste, wenn man so sagen will, Jugendliebe. Und jetzt wohnt sie hier.
„Na hast du uns wiedererkannt?“ Unbemerkt ist sie ins Zimmer gekommen.
„Ich habe noch ein Bild.“ Sie holt ein Foto aus der Schublade. „Hier“, es zeigt uns dicht aneinander gekuschelt an einem Lagerfeuer. Im Hintergrund ein See, mit einer kleinen Insel darin. Die Reiherinsel. Ich denke an diese Nacht zurück. Wir sind auf dieser Insel eine Nacht lang gestrandet. Zwei Freunde, Susanne und ich. Erst am nächsten Morgen hat uns Bauer Lindemann abgeholt.
Ich sehe ihr tief in die Augen.
„Darf ich“, frage ich, sie nickt. Ich nehme sie sanft in den Arm.
„Mein Mann ist bei einem Verkehrsunfall ums Leben gekommen, du hast ihn gekannt, Jörg von der ersten Bank. Es ist jetzt fast fünf Jahre her.“
Ich drücke sie fest an mich.
„Bleibst du heute Nacht hier, das Gästezimmer ist immer hergerichtet?“
„Morgen habe ich frei“, sage ich, „ich bleibe gern.“
Etwas flackert da draußen. Der Schwiegersohn hat ein Feuer im Hof angezündet. Davor steht eine kleine Bank. Er deutet dahin. „Für

euch."
Wieder wie damals, dicht aneinander gekuschelt sitzen wir da. „Kann man die Zeit zurückdrehen?", fragt sie.
„Ich glaube nicht", sage ich, „aber vielleicht ja doch?", ein sanfter Kuss verschließt meinen Mund, ehe ich antworten kann.
Träumst du schon wieder, meine Frau stupst mich an.

Komm, wir gehen noch ein wenig an die frische Luft. Das Schiff schwankt leicht, und da sehe ich sie, die Frau mit dem roten Kopftuch. Eine alte Geschichte fällt mir ein, sie ist lange her …

Die Frau am Meer, eine un-
heimliche Begegnung

Ich stehe gerade auf der Plattform des alten Leuchtturms. Meines alten Leuchtturms, hier war ich vierzig Jahre lang Leuchtturmwärter. Bei jedem Wetter.
Es ist meine letzte Nacht hier. Der Leuchtturm hat ausgedient, und ab morgen wird renoviert, für die Touristen.
Man hat von hier aus einen herrlichen Blick über das Meer, die Klippen, auch dahin, wo das Wrack der Katharina liegt. Das Schiff ist in einem gewaltigen Sturm auf das Riff gelaufen. Es wurde bis heute nicht geborgen. Fast alle konnten sich damals auf die Felsen retten, nur der Kapitän nicht. Er wurde nie gefunden.
Mein Blick schweift über das Land bis zum Hafen. Es wird allmählich dunkel, und die Lichter an den Kränen und den Schiffen gehen an. Fern schimmert eine alte Bootslaterne. Viele, teils bunte, Lichter. Grün und rot an den Schiffseiten, Backbord und Steuerbords. Die Niedergänge sind gelblich beleuchtet. Wussten Sie, dass die Treppen auf den Schiffen so heißen?
Jetzt kommt Wind auf. Anlandiger Wind. Das heißt, der Wind weht über die See Richtung Land.
Mit der Zeit nimmt der Wind zu und treibt die See vor sich her. Das kleine Boot, das unten am Leuchtturm festgemacht ist, schaukelt wie

toll auf den Wellen. An der Kimm, dem Horizont, ziehen jetzt dunkle Wolken auf. Es sieht aus, als breite der Abend eine schwarze Decke über der See aus, eine faltige, zerknitterte, löchrige Decke.

Ein Lichtstreifen von orange über dunkelblau bis violett erscheint darunter, als ob ein gigantischer Pinsel einfach einen Farbstrich über den Himmel gezogen hätte. Einfach mal so mit der Hand quer über den Himmel. Langsam verblasst der Farbstreifen, löst sich schließlich auf, und die Wolken werden immer dunkler. Jetzt sieht es aus, als türme eine riesige Hand dunkle Wattebälle über dem Himmel auf. Der Wind wird immer stärker, und ich gehe hinein, meinen Südwester anziehen. So ist es besser. Das Fernglas habe ich umgehängt. Mal sehen, wer bei dem Wetter noch draußen ist.

Ein kleiner Fischkutter strebt eilig dem Hafen zu. Er schwankt stark im Gang der Wellen hin und her. Jetzt verschwindet er hinter dcr Mole. Dort, auf dem äußersten Ende der Mole, steht jemand. Ich kann trotz der starken Gläser nicht erkennen, wer das ist.

Der Gestalt nach ist es aber eine Frau.

Erste grelle Blitze zucken auf. Dann folgt ein gewaltiger Blitz.

Er sieht aus wie ein Dreizack. Will Neptun

das Meer strafen? Ich denke an einen antiken König, wie hieß der noch mal? Der ließ das Meer auspeitschen, weil es seine Schiffe verschlungen hatte. Im Schein des Blitzes sehe ich die Gestalt deutlicher. Eine Frau. Sie trägt ein langes, dunkles Kleid, trotz des Wetters kein Kopftuch oder einen Hut.

Die ersten Tropfen fallen, zuerst ganz zaghaft, dann drischt es richtig. Ich gehe erst mal wieder in den Leuchtturm. Durch die regennassen Scheiben sehe ich, dass die Frau noch immer da steht. Jetzt hat sie allerdings ein rotes Kopftuch umgebunden. Wartet sie auf etwas oder jemanden? Es ist doch fast niemand mehr draußen. Der Fährbetrieb ist eingestellt. Es gab eine Sturmwarnung. Der Regen ist noch stärker geworden. Der Sturm peitscht das Wasser gegen die Scheiben.

Wieder erscheint ein dreizackiger Blitz. Neptun muss wohl ziemlich verärgert sein, denke ich bei mir. Das Boot unten am Steg läuft jetzt wahrscheinlich voll Wasser. Na ja, nicht zu ändern. Also, erst mal einen Tee mit Rum, oder lieber Rum mit Tee verdünnt. Na, Hauptsache Rum oder so. Wieder ein Blitz diesmal noch heller, es folgt ein schweres Donnergrollen.

Ich sehe wieder aus dem Fenster. Die Frau steht immer noch da. Sie hält das rote

Kopftuch in der rechten Hand. Es sieht aus wie ein Signal. Aber da ist ja niemand, zumindest kann ich keine Positionslichter erkennen auf See. Ich sehe noch einmal durch das Fernglas. Da blinkt etwas, immer wieder. Dort liegt doch das Wrack der Katharina? Oder täusche ich mich, bei dem Gewitter wäre es kein Wunder. Nein, es ist wirklich ein SOS. Ist da draußen noch jemand?
Dann sehe ich wieder diese Frau. Jetzt hole ich meinen besseren Feldstecher. Die Frau hat das Kopftuch wieder aufgebunden, und die Arme um sich gelegt. Es ist kalt geworden, sagt mir ein Blick auf das Außen-Thermometer. 5,5 Grad Celsius.
Die Frau steht immer noch da draußen. Ich hatte doch mal noch einen Südwester. Mal in der alten Truhe nachsehen. Da ist er ja, an der Seite ein wenig eingerissen, aber sonst noch gut. So, jetzt den Schlüssel nicht vergessen, ich lege den an die Kette.
Die habe ich immer für meine Schlüssel. Man wird ja nicht jünger. Die Treppe hinunter scheint der Weg heute besonders lang zu sein, dabei bin ich sie unzählige Male hoch und herunter gegangen. Unten angekommen drückt der Sturm gegen die Tür. Mühsam bekomme ich sie auf. Regen peitscht mir ins Gesicht. Ich ziehe die Kapuze tief herunter, wo

ist die Mole? Ein Blitz erhellt die mittlerweile hereingebrochene Nacht, oder sind es die unheimlich aussehenden Wolken. Es scheint, als ob sie bis auf die Erde reichen würden und alles verschlingen wollten.
Jetzt sehe ich die Mole, die Frau steht noch dort. Sie hat jetzt das rote Kopftuch in der Hand.
Ansprechen bringt nichts bei diesem Sturm, also lege ich sanft meine Hand auf ihre Schulter. Sie dreht sich um und sieht mich erstaunt an.
„Kommen Sie mit ins Trockene, zum Leuchtturm“, schreie ich, sie nickt.
„Mein Mann“, sagt sie und zeigt auf das Wrack der Katarina draußen beim Riff.
„Ja, gut“, ich hake sie unter und wir stemmen uns dem Sturm entgegen. Nach einer gefühlten Ewigkeit sind wir am Leuchtturm. Jetzt noch langsam die Treppe hoch.
„Da drüben ist das Bad“, sage ich, „ziehen Sie die nassen Sachen aus, ich bin gleich nebenan. Im Bad müsste ein Bademantel sein, hängt an der Tür.“
Sie geht hinüber, „ja, ist da.“
„Im Schrank ist ein Fön“, sage ich.
„Ja, danke.“
Wenig später kommt sie aus dem Bad. Ein Handtuch um die Haare geschlungen, und

barfuß.
„Einen Moment, ich müsste hier noch ein paar Hauslatschen haben.“ Da sind sie ja, vor dem kleinen Sofa. Der Teekessel pfeift, „mit oder ohne Rum?“
„Mit“, antwortet sie.
Sie hält die Tasse mit beiden Händen, als wolle sie sich an etwas festhalten.
„Was machen sie bei dem Wetter da draußen?“
„Ich warte auf meinen Mann. Er ist der Kapitän. Katharina heißt sein Schiff. Es sollte doch heute einlaufen.“
„Heute?“, frage ich.
„Ja, heute, den …, sie nennt ein Datum.“
Das ist fast 60 Jahre her. Ich will es ihr sagen, aber dann lasse ich es lieber. Vielleicht ist sie etwas verwirrt.
Der Sturm hat noch an Stärke zugenommen. Regen peitscht an die Scheiben, immer wieder Blitze, ja, jetzt geht die Welt unter.
Ich schaue hinaus zum Wrack der Katharina. Da scheint jemand auf Deck zu sein. Wo ist das Fernglas? Ich habe es noch umhängen. Tatsächlich, da steht jemand. Eine Sinnestäuschung? Ein weiterer Blitz erhellt die Szene. Da steht wirklich jemand. Bei mir ist ja auch jemand, fällt mir ein. Diese Frau, wo bin ich nur bei diesem Wetter mit meinen Gedanken.

Nun aber, so oft habe ich keine Gäste hier.
„Sie sind sicher sehr müde?“, frage ich.
„Ja, ein wenig schon.“
„Ich warte immer auf meinen Mann“, sagt sie leise, „immer wenn er von großer Fahrt zurückkommt, warte ich an der Mole.“
Jetzt fällt mir ein, dass ich ja noch etwas Suppe von gestern im Kühlschrank habe.
„Ich bin gleich zurück“, sage ich.
Als ich mit zwei vollen Suppentassen wiederkomme, ist sie schon auf dem Sofa eingeschlafen. Ich hole eine Decke und lege sie sanft über die Schlafende. Was für eine Nacht.
Noch mal sehe ich aus dem Fenster. Feldstecher her. Die Gestalt auf dem Deck ist verschwunden. Wahrscheinlich doch eine Täuschung. Dann piepst das Funkgerät.
Das alte Funkgerät, von dem ich denke, es geht nicht mehr.
Also die Kopfhörer auf, es piepst und dann.
„MS Katarina, SOS, wir haben die Ruderkontrolle verloren, bitten um Hilfe, laufen auf Riff zu, SOS.“
Es knattert und zischt in den Hörern. Das gibt doch gar nicht, denke ich. Dann ist Stille. Ich dachte, das Gerät ist defekt, doch die rote Kontrolllampe brennt. Noch einmal die Kopfhörer auf, nichts mehr. Die Schlafende seufzt

und dreht sich auf die andere Seite. Die Decke ist verrutscht, ich lege sie wieder auf die Frau. Schön zudecken.
Ja, und wo schlafe ich jetzt? Das Funkgerät schweigt. Na dann, noch einen Tee mit Rum. Ich lasse einfach den Tee weg. Der Küchenstuhl ist nicht sehr bequem. Aber für den Rest der Nacht geht es schon.
Noch ein Blick auf die Uhr. Mitternacht, genau Mitternacht. In diesem Moment erhellt ein greller fünfzackiger Blitz den Raum. Die Frau auf dem Sofa erscheint jetzt in einem seltsamen Licht und scheint langsam zu verblassen. Ich greife mir an die Stirn, ja, war denn der Rum schlecht, frage ich mich. Doch dann tut der Rum seine Wirkung. Die Augenlider werden schwer. Ich dämmere etwas weg.
Ich muss eingeschlafen sein. Draußen liegt ein schönes Morgenrot über der See. Das Meer liegt ruhig da, als wäre nichts gewesen. Langsam geht die Sonne auf, wie ein heller Ball scheint sie aus dem Meer aufzusteigen. Ihre ersten Strahlen spiegeln sich im ruhigen Wasser. Ich reibe mir die Augen. Los, jetzt erst mal ins Bad. Was war noch gestern Abend, habe ich geträumt, das kommt in der Einsamkeit eines Leuchtturmwärters schon mal vor, da war doch etwas mit dem Wrack

der Katharina? Auch vom Bad kann ich das Wrack der Katharina sehen. Ich habe immer noch das Fernglas umhängen. Niemand an Deck. Nur eine weiße Möwe sitzt auf der Mastspitze.
Was ich jetzt brauche, ist ein starker Kaffee. Ohne Rum. Oder mit. Ja, da ist doch noch diese Frau auf dem Schlafsofa. Ich nehme zwei Tassen aus dem kleinen Schränkchen, Kaffeepulver in die Tassen. Es riecht gut. Ich gehe hinüber. Das Sofa ist leer. Nur die Decke liegt darauf. Wo ist die Frau hin? Ich sehe überall nach. Nichts. Das gibt es doch gar nicht. Schlafe ich noch? Nein, ich stoße mich gerade mit den Fuß an der Tür an. Also bin ich munter. Wo ist die Frau hin, so groß ist der Leuchtturm nun auch wieder nicht. Ist sie schon gegangen?
Also die Treppe hinunter. Unten ist die Tür verschlossen. Wieder hinauf. Vielleicht ist sie draußen? Ich gehe einmal um die Plattform herum. Niemand zu sehen. Eine große weiße Möwe hockt auf der Reling. Sie sieht mich an. Fliegt auf und dreimal um den Leuchtturm herum, ehe sie mit heißerem Krächzen auf die See hinausfliegt, genau dahin, wo das Wrack der Katharina liegt. Die Möwe die auf dem Mast saß, fliegt auch auf. Gemeinsam fliegen sie der aufgehenden Sonne entgegen. Beide

sehen sich noch einmal um, zum Leuchtturm.

Es wird ganz langsam dunkel. Die ersten Nachtwolken ziehen auf. Eine sieht aus wie ein Drachen, sage ich.
„Sehen Sie, da ist ein Drachen am Himmel."
„Wo, ach da. Stimmt, sieht aus wie ein Drachen."

„Da fällt mir eine Geschichte ein", sagt der ältere Herr, der mit am Tisch saß. „Soll ich sie erzählen?"
„Aber klar, Georg, ich denke, die Herrschaften wird sie auch interessieren."
„Ja, erzählen Sie!", stimmen wir beide zu.
Der Herr räuspert sich und beginnt zu erzählen.

Zacharias Zappenduster und der Seedrachen

Zacharias Zappenduster hatte gerade seine Abendrunde beendet. Alle Stadtlaternen leuchteten in einem warmen freundlichen Licht, sodass die Bewohner der kleinen Stadt am Meer sicher nach Hause gehen konnten. Der Mond schaute hinter einer dunklen Wolke hervor.

Zacharias wollte sich gerade auf den Heimweg machen, als er ein Plakat an der Litfaßsäule sah. Nachtflohmarkt ab 21.00 am alten Markt. Eintritt frei. Jedermann ist willkommen.

Er sah auf die Uhr. 20.30. Na gut, dann noch auf ein schnelles Helles in den blauen Kraken. Nach drei Hellen ging Zacharias zum Flohmarkt. Er schlenderte durch die engen Gassen, die die Händler gelassen hatten. Was wurde da nicht alles angeboten. Alte Gemälde, Schinken in Essig und Öl, dachte Zacharias. Nichts für mich.

Dann aber sah er einen Stand, Raritäten des Meeres stand auf einem Schild. Zacharias wurde neugierig.

Der Händler sprach ihn sofort an. „Was darf's denn sein, mein Name ist Heinrich Bradenkohl, von Antik bis neu, das Herz erfreu, ist mein Motto. Schauen sie sich ruhig um. Was suchen Sie denn?"

„Eigentlich nichts Spezielles, ich schau mich

einfach mal so um."
„Sehr gern der Herr. Sehen Sie sich ruhig um."
Und das tat Zacharias. Zwischen Buddelschiffen, Seemannspfeifen, Seefahrtsbüchern Fischernetzen, ausgestopften Fischen stand da der Seedrachen. Ein wenig versteckt hinter anderen Figuren, aber da stand er.
Eine Porzellanfigur, ein Drachen, mit einem furchterregenden Kamm auf dem Kopf, einem langen, schuppigen Schwanz. Unbemerkt war der Inhaber des Ladens hinter Zacharias getreten.
„Gefällt er Ihnen?", fragte er. „Ich gebe ihn gern ab", seine Stimme senkte sich zu einem leisen Flüstern. „Der Seedrache stammt ursprünglich aus China, man sagt ihm nach, dass er Träume heranholt. Aber das ist wohl nur eine Legende."
„Was möchten Sie denn für den Drachen haben, der würde sich gut auf meinem Nachtisch neben meiner alten Bootslaterne machen."
Der Inhaber nannte den Preis.
„Einverstanden", sagte Zacharias, „ich nehme ihn mit."
„Ich packe ihn noch ein, damit er auf dem Weg nicht kaputtgeht."
„Vielen Dank und auf Wiedersehen."

Zacharias verließ den Laden und die Ladenglocke bimmelte, es klang fast ein wenig unheimlich. Zacharias vermeinte, ein leises Lachen zu hören, das aus dem Karton mit dem Seedrachen zu kommen schien. Er schüttelte den Kopf. Es war wohl nur Einbildung, oder nicht?

Zu Hause angekommen, bewunderte er die Porzellanfigur. Er stellte den Seedrachen vorsichtig auf seinen Nachttisch. Im Schimmer der alten Bootslaterne, die als Nachttischlampe diente, schien der Seedrachen fast wie lebendig zu sein. Das liegt am Licht, dachte Zacharias, und an der nebeligen Nacht, die durch das geöffnete Fenster hereindrang. Überhaupt schien auf einmal Nebel im Zimmer zu sein, den sich Zacharias nicht erklären konnte. Er sah auf die Uhr. Der Zeiger rückte unaufhaltsam auf die 12 zu.

Mitternacht, Geisterstunde. Irgendwie war Zacharias noch nicht müde, also beschloss er, noch ein wenig hinunter zum Fischereihafen zu gehen. Auf das Meer sehen, den Mond beobachten, einfach vor sich hin träumen. Doch daraus wurde nichts. Am Hafen lagen die Boote der Fischer noch immer an den Anlandestellen.

Was ist denn da los“, fragte sich Zacharias. Sonst sind doch die Fischer um diese Zeit

immer auf See. Sie sind weg, einfach weg. Fünf Fischer standen im Kreis herum vor ihren Booten. „Sie sind weg, alle weg."
„Wer ist weg?", fragte Zacharias den Fischer, der das gesagt hatte.
„Na, die Fische sind weg. So viel haben wir doch gar nicht gefangen, dass alle weg sind. Vielleicht hat sie irgendetwas erschreckt. Oder warum sollten sie plötzlich weg sein?"
„Ich glaube, ich habe da etwas Unheimliches im Wasser gesehen", meinte Fiete Hein. „Aber ich bin mir nicht sicher. Es war etwas Großes, Grünliches mit einem Hahnenkamm."
„Du hast wohl einen Rum zu viel getrunken, ja, der vom alten Feddersen hat es in sich."
Fiete tippte sich an die Stirn. „Ich trinke niemals zu viel, ich weiß doch, was ich gesehen habe."
„Wollen wir nicht nachsehen?", fragte Zacharias. „Wir fahren dahin, wo Fiete das Dings da gesehen haben will, und dann schauen wir mal."
„Na ja, warum eigentlich nicht? Wer kommt mit?"
„Nö, ich verschwinde jetzt."
„Ich auch nicht, ich gehe nach Hause." Einer nach dem anderen ging fort. Es blieben nur Zacharias Zappenduster und Fiete Hein.

„Also, dann mach mal die Leinen los, ich werfe den Motor an“, sagte Fiete.
Der Motor dröhnte auf, und Zacharias zog die Leinen an Bord. „Dort, genau vor den Klippen, da habe ich es gesehen.“ Fiete schaltete den Motor aus. „Der Motor stört vielleicht, das Dings oder was es auch immer war. Licht aus. Wir warten.“
Nach einer ganzen Weile, Zacharias wollte gerade sagen, komm, wir kehren um, erhob sich etwas aus dem Meer.
„Da ist es, da ist es, schnell den Bootshaken her.“
Jetzt hob sich ein großer grüner Kopf aus dem Wasser. Oben hatte er so etwas wie einen Hahnenkamm. Aus seinem Maul tropfte Wasser. Es schniefte sehr laut.
„Ja, wer bist du denn?“, fragte Zacharias ganz erstaunt.
„Ich bin Kasimir der Dritte. Seedrachen erster Klasse. Und wer seid ihr?“
“Du kannst sprechen?“, staunte Zacharias.
„Ja, natürlich, alle Seedrachen können das. Wer seid ihr denn nun?“
„Ich bin Zacharias, und das ist Fiete Hein, der Fischer.“
„Angenehm, Kasimir“, sagte der Seedrache artig.
Auf einmal schlug der Kasimir mit seinem

Flügeln, sodass Zacharias und Fiete mit einem Schwall kalten Wasser überschüttet wurden.
„Jetzt weiß ich, dass ich nicht träume“, sagt Fiete und wischte sich das Wasser aus den Augen.
„Und was machst du hier?“, fragte Zacharias.
„Einfach nur ein wenig ausruhen. Sonst schwimmen wir Seedrachen weit draußen im Meer, aber ein heftiger Sturm hat uns hierher getrieben.“
„Das war doch bestimmt vor einigen Tagen“, sagte Fiete, „da konnten wir nicht auslaufen, da war schon ein schöner Wind.“
„Das war ein Sturm, wie selbst wir Seedrachen ihn selten erlebt haben“, sagte Kasimir. „Da habe ich mich hierher geflüchtet.“
„Und hast alle Fische gefressen.“
Kasimir hob seinen Drachenkopf. Er schüttelte ihn hin und her. „Nein, wir Seedrachen fressen keinen Fische, nur Seetang, und der wächst sehr schnell wieder nach. Also ich habe nichts mit euren Fischen zu tun. Aber vielleicht“, Kasimir runzelte seine Stirn, sodass der Kamm anschwoll, „vielleicht, haben die Fische ja Angst vor mir. Das kann schon sein.“
„Möglich ist das“, sagte Fiete Hein.
„Nur böse Menschen sollten vor mir Angst

haben, aber ob die Fische das wissen? Das wissen die Fische sicher nicht, sonst wären sie ja nicht so weit weg geschwommen. Oder es ist etwas anderes. Also, ich weiß nicht so recht, aber ich habe in der Nacht ein großes Schiff gesehen, das lag tief im Wasser, als wäre es voll beladen."
„Das sollten wir uns vielleicht einmal näher ansehen", sagte Zacharias.
„Wir treffen uns um Mitternacht an der Mole. Da konnte ich das Schiff letzte Nacht gut sehen", sagte der Seedrache.
„Gut", sagte Zacharias, „dann tauch mal wieder eine Weile ab, es muss dich ja niemand hier sehen."
„Geht klar", sagte der Seedrache und schniefte noch einmal durch seine grünen Nüstern, sodass Zacharias einen Schwall kalten Wassers abbekam.

Zacharias Zappenduster sah auf die Uhr am Leuchtturm. 21.00. Also hatten sie noch drei Stunden Zeit.
Dann zurück in den blauen Kraken. Seine Freunde waren da und saßen am Stammtisch.
„Was ist denn los?", fragte der Straßenbahnfahrer, „hast du ein Gespenst gesehen?"
„Das nicht, aber einen leibhaftigen Seedrachen, draußen direkt an der Mole."

„Hast du schon am Rum genascht?“, fragte Kurt, der Wirt.
„Nein, aber ich könnte einen brauchen, und ein Bier zum Nachspülen, wenn du immer noch diesen Rachenkratzer verkaufst.“
„Na, da will ich mal nicht so sein, gestern hab ich besten Überseerum bekommen, eine Runde geht aufs Haus.“
Aus der Musikbox klang wie auf Bestellung „Vierzehn Mann auf des toten Manns Truh, joho ho, und ne Buddell voll Rum.“ An der Box stand ein alter Seemann, etwas gebückt und mit einer sehr alten Mütze auf dem Kopf.
„Hab ich da was von einem Seedrachen gehört?“
„Ja, da ist richtig.“
„Dann isser wieder da. Das gibts doch gar nicht´, nach so langer Zeit. Kasimir, mein alter Freund, nee so was.“
Es sah fast so aus, als wische sich der alte Seemann eine Träne aus dem Auge.
„Darf ich mich zu euch setzen?“
„Bitte hier ist ein Stuhl frei. Ich habe Sie hier noch nie gesehen“, sagte Zacharias Zappenduster.
„Wat heißt denn hier Sie, ich bin Käptn Briese von der Santa Anna.“
„Moin. Moin“, tönte es zurück.
„Also dann isser wieder da, der Kasimir. Dat

gibt es doch gar nicht. Wisst ihr, dass Seedrachen bis zu zweihundert Jahre alt werden können. Und wie alt Kasimir ist, dat weis ik nu nich so genau. Aber jetzt erst mal Prost, die nächste Runde geht auf mich."

Ja, das kann ja heiter werden, dachte Zacharias, dann seh ich zwei Seedrachen, oder noch mehr. Na im Moment seh ich ja nur einen Käptn Briese.

Die Zeiger der alten Schiffsuhr über dem Tresen rückten langsam auf Mitternacht zu.

„Also ich geh jetzt zur alten Mole", sagte Zacharias und stand auf.

„Wir kommen mit", sagten alle.

„Ich schließe nur noch ab, dann komm ich nach", sagte der Wirt. Der Mond verschwand gerade hinter einer dicken Nachtwolke, als sie an der Mole ankamen.

„Na, wo ist denn jetzt dein Seedrachen? Hast wohl doch zu viel am Rum genippt?"

In diesem Moment tauchte eine große, schuppige Gestalt aus dem Meer auf. „Gestatten, Kasimir, der Seedrache. Hallo, Käptn Briese, lange nicht gesehen."

„Ja, das ist schon ein paar Jährchen her. Grüß dich Zacharias."

„Ich denke, dass das große Schiff bald in die Bucht einläuft", sagte der Seedrachen. „Ich tauch lieber erst mal wieder unter."

„Was denn für ein Schiff?“, fragte der Wirt, der gerade angekommen war.
„Na das, das uns alle Fische aus der Bucht vertreibt.“
Jetzt kam der Mond wieder hinter der dicken Wolke hervor.
„Da kommt es“, sagte Kasimir, und ein großes schwarzes Schiff fuhr in die Bucht ein. Es führte keine Positionslichter und auch sonst war alles dunkel. Schwarz gekleidete Männer liefen über
die Decks.
„Los, die Netze auswerfen.“ Sehr, sehr große Netze wurden ausgefahren. „Viel wird hier nicht mehr zu holen sein, ich glaube, wir haben zu viel gefangen, und die anderen Fische sind aufs Meer hinaus geschwommen“, das Gespräch wehte übers Wasser an Land.
„Dann sind die daran schuld, dass wir nichts mehr fangen“, sagte Fiete. „Das ist ja eine Frechheit hier, alle Fische …“, weiter kam Fiete nicht.
Kasimir fragte: „Wollen wir das Schiff vertreiben? Das schaffe ich aber nicht allein, ich bin gleich wieder da.“
Kasimir tauchte unter, und nach einer kleinen Weile tauchten drei weitere Seedrachen auf.
„Darf ich vorstellen, meine Frau Olga und meine zwei Söhne, Kasimir der zweite und

Kasmir der dritte."
„Angenehm", sagte Zacharias. „Aber wie wollt ihr das Schiff denn vertreiben"
„Na ganz einfach, wir Seedrachen können zwar kein Feuer spucken aber Wasser, und das nicht zu knapp."
„Wir rufen das Schiff erst einmal", schlug Klaas Klarsen vor. Die lauten Rufe der Fischer wurden aber nicht gehört oder wollten nicht gehört werden.
„Dann eben anders", sagte Kasimir.
Alle vier Seedrachen tauchten unter und direkt neben dem Schiff wieder auf. Dann überprusteten sie das Schiff mit Wasserstrahlen, sodass die Männer auf den Decks nicht mehr wussten, wohin sie noch laufen sollten.
„Und jetzt kommt das Beste", rief Olga. Sie und die beiden Söhne tauchten unter und stiegen dann mit entsetzlichem Geheul steil aus dem Wasser.
„Anker lichten, nichts wie weg hier", klang es an Bord.
So schnell wie das schwarze Schiff gekommen war, verschwand es auch wieder.
„Die sind wir erst mal los", meinte Fiete. „Hoffentlich kommen die nicht wieder."

Der Wind wehte die Gardine weit in das Zimmer von Zacharias, der in der Nähe des

Fensters im Bett lag, hinein, sodass der Stoff seine Nase kitzelte.
Zacharias erwachte und sah auf seinen Nachttisch. Dort stand der Seedrache, doch seltsamerweise genau anders herum, als er ihn hingestellt hatte.
Und warum tropfte Wasser von der Figur?

Unbemerkt ist noch ein weiterer Herr zu uns gekommen. „Eine sehr schöne Drachengeschichte“, sagt er.
„Ich kenne eine Geistergeschichte“, sage ich. „Sie spielt in unserem Dorf.“

Hugo, der alte Waldgeist

Wir wohnen in einer kleinen Siedlung auf einem alten Bauernhof.
Hinter unserem Hof, gleich nach dem kleinen Weiher, liegt ein Wäldchen. Nicht sehr groß, es reicht gerade bis zu den Bergen an der Passtrasse, da spukt es manchmal, so sagen die alten Leute.
Aber so richtig gesehen hat wohl noch keiner ein Gespenst.
Na, das sollte sich bald ändern. Es war nebeliges Wetter, und meine Frau sagte: „Ich glaube, du solltest noch mal mit dem Hund rausgehen, ehe das Wetter noch schlechter wird.“
Na ja, dachte ich, der Hund kann ja dableiben.
„Ich mache derweil das Abendessen“, sagte meine Frau.
„Was gibt es denn?“
„Spagetti mit Hackfleischsoße, und Salat.“
„Gut, sehr gut.“ Ich ging zur Garderobe und nahm die Hundeleine. Jessy war schon ganz aufgeregt und sprang vor lauter Vorfreude hin und her. Kaum dass ich die Leine festmachen konnte, drängte sie in Richtung Tür.
Wir gingen also auf das Wäldchen zu, überquerten die kleine Brücke, und kamen an den ersten Bäumen an.
Plötzlich wich der Hund zurück. Ich sah mich um, konnte aber nichts erkennen. Jessy

versteckte sich ängstlich hinter mir und knurrte nach vorn.
„Ist da wer?", fragte ich.
„Ja, ich, Hugo von Schreckenstein, der alte Waldgeist."
„Also spukt es hier doch, wie die Leute sagen."
„Na ja, spuken, wie du es nennst, ist es eigentlich nicht. Ich erschrecke nur Leute, die es nicht gut meinen mit dem Wald und den Tieren. Da kann ich ganz böse werden, so richtig huhh und buhhh, na und so weiter. Meistens laufen die Erschreckten dann ganz schnell weg. Einmal, es ist schon viele, viele Jahre her, da hat der alte Graf Bodo von habe und gebe Nichts den Grenzstein versetzen wollen, natürlich zu seinen Gunsten, aber denkste, den habe ich furchtbar erschreckt, so von hinten, mit einem großen Tannenzweig, und huh und buh und bäh, der ist glatt vom Pferd gefallen. Getan hat er sich nichts, nur die Rüstung ein wenig verbeult. Er hat sich nie wieder hierher getraut. Er wusste gar nicht, was geschehen war. Er konnte mich ja nicht sehen. Mich kann nämlich nur ein Sonntagskind sehen. Jemand, der an einem Sonntag geboren ist. Eigentlich bin ich ja ein guter Waldgeist, und erschrecke nur schlechte Leute. Aber in letzter Zeit kommen fast keine unartigen

Menschen hierher, und da wird es schon etwas langweilig." Der Waldgeist schien froh, jemanden zum Reden zu haben.
„Wie kann sich denn ein Waldgeist langweilen?"
„Wenn niemand da ist, den man erschrecken kann, dann wird es schon trüb."
Inzwischen war die Sonne hinter den Bäumen fast untergegangen, und man konnte glauben, der Wald stünde in Flammen.
In diesem Moment hörten wir ein leises Weinen, es kam von dem alten Dickicht, dort, wo der Wald an dichtesten ist.
„Ich flieg mal hin und sehe nach."
Nach kurzer Zeit kam Hugo wieder zurück.
„Da sitzt ein kleines Mädchen und weint, es hat sich wohl verlaufen. Es hat einen Korb voller Pilze, aber die meisten sind ungenießbar. Was machen wird denn jetzt?"
„Bring mich hin", sagte ich. Hugo flog voraus.
Wirklich, da saß ein kleines Mädchen und sagte vor sich hin: „Jetzt habe ich mich verlaufen, und dabei wollte ich nur Pilze suchen, für das Sonntagessen. Was mach ich denn nur jetzt? Und es wird gleich dunkel."
Hugo rief: „Da muss man doch helfen, na klar, ich führe dich aus dem Wald, und die giftigen Pilze schmeißen wir auch aus dem

Korb.“ Mit einem HUI warf Hugo die giftigen Pilze aus dem Körbchen.
„Jetzt habe ich noch die Hälfte der Pilze verloren“, jammerte die Kleine.
Hugo grinste vor sich hin, flog vorweg, und ich, das kleine Mädchen an der Hand haltend, lief hinterher.
Nach einer ganzen Weile hatten wir den Waldrand erreicht, und ich konnte die ersten Häuser und auch unseren Hof sehen. Da kamen schon einige Leute vom Dorf angerannt, mit Fackeln und Taschenlampen, und riefen:
„Lisa, Lisa, wo bist Du?“
„Ich bin hier, Papa.“
Lisa lief sofort auf den Mann zu, der sie in die Arme nahm. „Vielen Dank, dass sie Lisa zurückgebracht haben, sie ist heute Nachmittag einfach weggelaufen.“
„Ich wollte doch nur Pilze holen, für Sonntag, Papa.“
„Und mir dankt keiner“, sagte Hugo.
„Dich können sie doch nicht sehen, aber ich danke dir, jetzt bist ein hilfreicher, nützlicher Waldgeist.“
Hugo grinste breit über sein Geistergesicht, winkte und flog davon, zum Wäldchen zurück.

„Weil wir gerade bei Schauergeschichten sind“, sagt ein Herr, „ich hätte auch eine beizutragen.“
„Bitte fangen sie an.“

Der Preis

Eigentlich war es schon fast zu spät, an diesem Abend, nach den üblichen Gewohnheiten, die er jetzt hatte, noch aus dem Haus zu gehen. Es war fast 20.00 Uhr. Am Morgen war er an der Skipiste gewesen.
Vor einem Jahr war alles ganz anders. Seine Frau war immer sehr unternehmungslustig, und zog ihn manchmal sogar spät noch aus dem Haus. Ja, bis vor einem Jahr. Dann war da dieser böse Skiunfall. Vor seinen Augen raste sie die Piste hinunter. Er sah sie noch fröhlich mit dem Skistock in der Hand winken …
Einen Moment später … der Abhang. Plötzlich war sie verschwunden.
Blaulichter blitzten in den Abendhimmel. Der Notarzt schüttelt den Kopf. „Tut mir leid, wirklich. Möchten Sie sie noch einmal sehen?“
„Ja.“ Dieses unglaubliche Staunen in ihren Augen. Und dann dieser seltsame Geruch in der Luft. Schwefelduft, oder nur Einbildung?
Er war zurück zur Unfallstelle gelaufen. Ein Abdruck im Schnee. Wie von einem Huf. Aber nur ein Huf. Wahrscheinlich waren es die überreizten Nerven. Manchmal gaukeln einem die Sinne etwas vor. Gab es hier oben überhaupt Pferde oder andere Huftiere?
Er dachte damals den Gedanken nicht zu

Ende.
Ein schneeweißer Sarg, dahinter er und die Trauergäste. Sie hatte sich immer einen schneeweißen Sarg gewünscht, mit weißen Lilien, ihren Lieblingsblumen. Der Sarg war bedeckt damit. Heute auf den Tag genau vor einem Jahr.
An diesem Wochenende war Jahrmarkt. Sie hätte es gewollt, hinzugehen. „Komm, es wird bestimmt lustig, komm schon", hätte sie gesagt.
Er zog seinen Mantel an, nahm den Schlüsselbund, zog die Tür hinter sich zu und ging los. Musik und lautes Stimmengewirr empfingen ihn. Bunte Lichter und Drehorgelmusik vermischten sich mit dem Duft von Bratwurst, Steaks und Fischbrötchen.
Schießbuden, Losbuden, Ringewerfstände wechselten sich ab. Eine Geisterbahn, ein Riesenrad.
Darauf war er nie mitgefahren, Höhenangst.
Langsam seine Bratwurst im Brötchen essend, ging er durch die schmalen Gassen. Viele Leute kamen ihm entgegen. Kinder mit Zuckerwatte in der Hand, Männer mit Bier, quengelnde Kinder, „darf ich da noch hin und dort noch hin, Papa?" „Bekomme ich noch einen Lutscher. Darf ich mal schießen. Gehen wir noch zur Geisterbahn?

Ein einziges Stimmengewirr. Nur eine Stimme in seinem Kopf ließ ihn nicht los. „Komm noch hierhin und dahin.“ Fast meinte er, die zärtliche Hand seiner Frau zu spüren, als ihn jemand anrempelte.
„Oh, Verzeihung.“
„Schon gut,“ Es war ein junges Mädchen, das schnell weiterlief, zu ihren Freundinnen, die schon ein paar Schritte voraus waren.
Er ging weiter, langsam, warf die Serviette in einen Müllbehälter, der schon fast voll war.
In diesem Moment sah er eine kleine Bude. Darüber in krakliger Schrift D.E.V.I.L. Enterprises. Inh. S. Atan.
Vollkommen aus Holz stand sie fast etwas versteckt zwischen einer Losbude und dem Spiegelkabinett. Er war vorhin doch hier vorbeigekommen, da war die Bude noch nicht dagewesen, oder doch? Er schüttelte den Kopf.
„Wir erfüllen ihre Wünsche, so ungewöhnlich sie auch sein mögen. Über den Preis sprechen wir später“, stand auf einem Schild, das an der hölzernen Tür angelehnt war. Als er überlegte, anzuklopfen, trat ein völlig in Schwarz gekleideter Mann heraus. „Kommen Sie herein!“ Die Tür knarrte leise und fiel sofort wieder ins Schloss, als sie eingetreten waren.
Eine kleine Lampe an der Decke erhellte den

Raum nur wenig. An einem runden Tisch saß ein vornübergebeugter Mann. Er sah auf ein Kartenspiel. Nach einer Weile hob er den Kopf.
„Nehmen sie doch Platz." Er deutete auf einen Stuhl, der vor dem Tisch stand. „Was können wir für Sie tun. Wir erfüllen Wünsche. Auch sonderbare. Aber nur sehr persönliche."
Etwas seltsam ist das schon, dachte er.
„Nehmen Sie sich Zeit. Geht es um ihre Familie?"
„Ja schon, um meine Frau. Aber ich fürchte, da werden Sie mir auch nicht helfen können."
Der andere Mann trat jetzt auch an den Tisch heran. „Erzählen Sie, bitte erzählen Sie."
Er schloss einen Moment die Augen. Die Erinnerung übermannte ihn wieder. Er sah die Skipiste, seine Frau lachend davonfahren, sie drehte sich um, winkte mit dem Skistock, komm, sollte das heißen, und fuhr auf den Abgrund zu.
Irgendjemand hatte in der Nacht die Warnschilder aus dem Boden gezogen und auf die Seite geworfen.
Vielleicht konnte er sie noch einholen, nein, zu spät. Sie raste genau auf den Abhang zu. Ihr Schrei gellte in seinen Ohren, ein Schrei, den er nie mehr vergessen konnte. Er musste

sich einen Moment fassen, und dann sagte er: „Ich möchte, dass meine Frau nicht den Abhang hinuntergefahren wäre. Ich möchte, dass sie lebt. Aber die Zeit können Sie auch nicht zurückdrehen."
Der Mann hinter dem runden Tisch sah zu dem anderen Mann hinüber.
„Wann und wo war das? Hier sind Stift und Papier. Und die genaue Uhrzeit brauchen wir auch noch."
„Es geschah um 17.32, da ist ihre Uhr stehen geblieben."
Nachdem er alles aufgeschrieben und eine Skizze gemacht hatte, schob er das Papier seinem Gegenüber zu.
Der Mann stand auf, reichte ihm die Hand. „Wir werden sehen, was wir machen können, wir melden uns bei ihnen. Ach, übrigens der „Transport", wenn er erfolgen sollte, ist mit etwas Schwefelgeruch verbunden. Wir haben leider noch kein anderes System entwickeln können."
Der andere sagte: „Ich bringe Sie noch zur Tür."
Ihm fiel auf, dass der Mann mit dem rechten Fuß hinkte, auch erschien ihm der Fuß etwas unförmig.

Er ging wieder auf den Rummel zurück. Jetzt

erst einmal ein Bier und einen Schnaps. Das Ganze war doch etwas unheimlich. Gut, noch einen Kräuterlikör für den Magen. Zur Geisterbahn?
Nein, ihm war schon gruselig genug.
Da wäre die Wahrsagerin auch nicht das Richtige. Aber irgendetwas zog ihn magisch hin.
Eine alte Dame, in eine bunte Decke gehüllt, winkte ihm zu. „Kommen Sie näher, es kostet nicht viel."
Sie nannte den Preis. Jetzt taten das Bier und der Kräuterlikör ihre Dienste. Er nahm Platz. Keine Kristallkugel, dachte er. „Ziehen Sie eine Karte."
Warum eigentlich nicht.
„Decken Sie auf. Der Tod. Eine zweite Karte, bitte wieder aufdecken, die Auferstehung. Dritte Karte, der Zweifel. Das bedeutet, dass etwas geschehen wird, was Sie nicht erwarten. Mehr darf ich nicht verraten."
Irgendetwas drehte sich jetzt in seinen Kopf. Er stand auf, bedankte sich, zahlte und ging weiter. Was für ein Tag. An der Losbude vorbei, Richtung Ringe werfen, dann zur Achterbahn. Er beschloss, noch einmal diese Holzbude zu suchen. Irgendwo da hatte sie doch gestanden. Jetzt war sie verschwunden.
Hatte er das alles nur geträumt?

Ein Jahr später …
Wie im vorigen Jahr war er wieder an der Skipiste. Er wollte Blumen ablegen am Abhang. Weiße Lilien, die Lieblingsblumen seiner Frau. Aber diesmal schien es ihm. war hier etwas anders.
Ganz anders. So viele Rodler und Skifahrer waren noch nie hier. Und da drüben, ein Mann in einem schwarzen Anzug mitten im Schnee! Seltsam bekannt kam er ihm vor. Der Mann hinkte etwas auf dem rechten Fuß. Na, vielleicht eine Täuschung.
Er sah nach unten, er hatte seine Ski an. Er konnte sich nicht entsinnen, diese überhaupt mitgenommen zu haben. Jemand winkte mit einem Skistock. Seine Frau. In diesem Moment blitzte etwas in ihm auf.
Sie fuhr geradewegs auf den Abhang zu. Nein, das durfte nicht sein. Er wendete und versuchte, ihr den Weg abzuschneiden. Es wurde sehr eng am Abhang, aber er schaffe es gerade noch, ihr den Weg zu versperren.
Die Warnschilder lagen links vom Abhang, fast vom Schnee verdeckt. Kurz vor dem Abhang kam sie zum Stehen. Ihr fragender Blick war das Letzte, was er in dieser Welt sehen konnte.
Wenig später. Flackernde Blaulichter

erhellten die Szene.
Männer in Uniformen brachten eine Trage herbei.
Die Frau stand wir erstarrt am Abhang. Einer der Männer schüttelte den Kopf. Sie sah sich um, ungläubig zu begreifen, was gerade geschehen war.
Seltsamerweise war dort im Schnee ein Abdruck eines Hufes zu sehen. Nur ein einziger Abdruck. Ein einziger. Und es lag ein eigenartiger Geruch in der Luft, gelblicher Schwefeldunst umwehte die Stelle seines Absturzes.
„Hat er noch etwas sagen können?“, fragte die Frau.
„Es war kaum zu verstehen“, sagte einer der Sanitäter, aber es klang wie, „das war also der Preis“.

Jetzt zieht etwas Nebel über die See heran, schemenhaft sind die Lichter der Schiffe zu sehen. Signalhörner tuten, Lichter im Nebel, da war doch noch etwas?
Mir fällt ein, dass ich ja mein kleines Büchlein immer bei mir habe. Wo ist denn die Geschichte, na, ganz am Schluss, wo denn sonst.

Die Lichter im Nebel

Ich bin unterwegs nach Hause, die Konferenz hat bis in den späten Abend gedauert, ausgerechnet heute. Und jetzt noch dieser Dunst. Ich will doch nur nach Hause.
Man kann kaum etwas sehen. Nur ab und zu tauchen Lichter im Nebel auf. Wer überholt denn bei der schlechten Sicht. Doch es gibt immer einige Verrückte.
Nebelschlussleuchten scheint auch niemand zu kennen.
Links und rechts liegt dichter Wald. Ein Hinweisschild, Fährerder Moor. Es fehlt eigentlich nur noch der Hund, der von Baskerville, Sherlock Holmes, denke ich gerade, als der Nebel noch dichter wird.
Ich sehe Holmes, wie er durch das Moor streift. Eine meiner Lieblingsszenen aus dem Film der Hund von Baskerville, und wie Dr. Watson reagiert hat.
Ich reibe mir die Augen, die Straße wird wieder etwas sichtbarer. Nur noch Nebelfetzen. Dann wieder ein Schild, Umleitung.
Ein Polizist steht mit einer Taschenlampe davor. „Es hat einen Erdrutsch gegeben, nehmen Sie die Umleitung, kennen Sie sich aus?“
Na toll, jetzt komme ich noch später nach Hause, und die Blumen für meine Frau, na ja, wird schon noch gehen. Gut, dann fahre ich eben über diese schlechte Straße. Fuß von

Gaspedal, es nützt nichts, etwas holpert immer. Gut, dann bleibe ich wenigstens wach. Sekundenschlaf, bloß nicht.
Ich kurbele das Seitenfenster herunter, die kalte Luft macht wieder etwas munter. Die Uhr zeigt 15 Minuten zu Mitternacht. Nimmt denn diese Umleitung kein Ende, ich will zurück auf die Staatsstraße. Was ist das? Zwei Lichter auf der Straße, ziemlich weit unten, seltsame Lichter, direkt vor mir.
Wieder die Augen gerieben, und da passiert es. Zusammenstoß. Auch das noch. Ich steige aus. Warnblinker an, habe ich fast vergessen. Ich sehe nach. Da ist ein Fuchs, seltsam, ein fast silberglänzendes Fell. Ist er tot?
Ich tippe ihn mit der Stiefelspitze an. Er steht auf. Seine Augen glänzen im Scheinwerferlicht. Die Warnblinker werfen ein gespenstisches Licht in den Nebel, der hier wieder dichter ist. Der Fuchs hinkt davon Richtung Moor.
Er schaut mich an, komm, komm mit, soll das wohl heißen. Ich gehe zurück zum Auto, das Gewehr holen, waidwunde Tiere lässt man nicht zurück. Die Tasche lasse ich da, im Auto. Ich prüfe noch einmal die Patronen, zwei in den Läufen und noch zwei in der Hosentasche, die Windschutzscheibe ist beschlagen, ich schreibe etwas darauf. Also immer

dem Tier nach. Immer weiter, immer weiter. Der Fuchs hinkt voraus, sieht sich immer wieder nach mir um, die Lichter im Nebel, ich kann nicht anders, als ihm zu folgen, immer weiter ins Moor, weiter. Plötzlich ein entsetzliches Geheule. Ein Hund, ein Wolf?
Der Hund von Baskerville. Jetzt ein Gebell. Wo kommt das her, umsehen. Ich sehe eine Gestalt mit einem Knüppel vor mir laufen, ist Sherlock Holmes hier? Der Fuchs steht auf. Seine Augen glänzen im Scheinwerferlicht. Nebel. Der Fuchs hinkt davon, weiter Richtung Moor.
Ich immer weiter dem Tier nach. Immer weiter, immer weiter. Plötzlich höre ich etwas. Es heult, huuuh, uuuuhhhh, langezogen.
„Ich bin Huckepuck, der König der Sumpfgeister, wer bist du, verlasse sofort meinen Sumpf."
Links und rechts von mir blubbert es. Sumpfgas wahrscheinlich.
„Verlasse sofort den Sumpf, sonst kommen meine Diener, die Kobolde, und dann."
Natürlich gibt es die Stimme nur in meinem Kopf. Da knackt es hinter mir, niemand zu sehen, es war wohl ein Ast des Knüppeldamms. Endet denn dieses Moor überhaupt nicht mehr, denke ich, es muss doch einen Ausgang geben.

Jetzt fliegt etwas dicht über meinen Kopf. Die Flügel streifen fast meine Haare, ein Waldkauz. Er krächzt heiser und fliegt davon.
Bringt ein Kauz nicht den Tod, denke ich. Wieder sind Lichter da, diesmal viel näher. Wohnt etwa jemand hier? Die Lichter sind unheimlich.
Der Fuchs ist stehen geblieben. Vor mir sehe ich die Reste einer alten Befestigungsanlage. Gut, erst mal hinsetzen. Ausruhen. Der Fuchs starrt mich an. Irgendetwas hindert mich die ganze Zeit schon, das Gewehr anzulegen.
Der Mond kommt jetzt hinter einer dunklen Wolke hervor. Er übergießt die Szenerie mit einem gespenstischen Licht. Es scheint so, als tanzten an den alten Wänden Kobolde, ist Huckepuck mit seinen Leuten hier?
Die Gestalten an den Wänden werden immer mehr. Der Kauz ist wieder da und setzt sich auf einen Fenstersims, starrt mich an. Ich lege das Gewehr neben mich und werde müde, sehr müde. Der Fuchs sieht mich an, sein Fell glänzt im fahlen Mondlicht. Ich kann die Augen kaum noch aufhalten. Höre eine Stimme. Huckepuck! „Du wolltest nicht hören."
Das Gewehr fällt mir aus der Hand. Ausruhen, einfach ausruhen. Der Kauz fliegt auf, in Richtung tiefes Moor davon. Die Kobolde tanzen immer noch an den Wänden, als es um

mich herum dunkel wird.
Flackernde Blaulichter erhellen gespenstisch den immer noch über dem Moor hängenden Nebel. Dazwischen zucken die Lichter einer Warnblinkanlage. Ein Mann tritt heran. „Code 009, habe verlassenes Fahrzeug, gefunden.“
„Machen sie Fotos, wir holen das Auto, wenn der Nebel weg ist.“
„O. k.“
„Was haben wir, verlassenes Fahrzeug, direkt am Moor. Warnblinker an, Fahrertür offen. Ja, und diese leere Gewehrtasche, Schachtel mit Patronen, ebenfalls leer.“
„Was ist das?“
„Was ist was?“
„Diese Schrift auf der Windschutzscheibe, was steht da?“
„Die Lichter im Nebel.“
„Was denn für Lichter, da gibt's doch nur das Moor.“
Der Assistent kommt. „Was soll mit der Gewehrtasche geschehen?“
„In die Asservatenkammer.“
Einer der Polizisten greift sich an die Stirn. „Jetzt weiß ich, was gemeint war mit der Schrift auf der Windschutzscheibe. In der Waidsprache heißen die Augen der Tiere, Lichter, Lichter im Nebel.“

„Irgendwelche Fußspuren?“, fragt jemand,
„Keine einzige, nichts. In dem Moor soll doch Huckepuck, der Sumpf-König, mit seinen Kobolden hausen.“
„Legende?“
„Wer es glaubt“, meint der andere.
„Gut, dann fahren wir ins Revier, ab geht's.“
Der Polizeiwagen wendet, die Reifen greifen nicht gleich in der nassen Erde.
„Das ist Huckepucks Fluch“, schimpft einer, in diesem Moment hört man ein leises Lachen aus dem Moor.
Dann haben die Räder wieder Kontakt, und es geht zum Revier und einer Menge Schreibarbeit entgegen.
„Ich erwarte Ihren Bericht bis 11.00 auf meinem Schreibtisch.“

Drei Wochen später fand man John Morrison in der alten Festungsruine, er war tot. Neben ihm sein Gewehr, geladen, aber nicht abgefeuert, vor sich liegend ein toter silberfarbener Fuchs. Seltsamerweise glänzten die Lichter des Tieres, als lebe es noch. Auf einem Fenstersitz hockte ein Waldkauz, er hatte die Augen geschlossen.

„Ein gruselige Geschichte“, meint meine Frau. „Da habe ich auch noch etwas.“ Meine

Frau kramt in ihrer Handtasche, ein kleines Buch kommt zum Vorschein. „Ich hab auch mal was versucht zu schreiben. Soll ich?“
„Ich wusste gar nicht, dass du … aber ja, bitte.“

Ist da noch jemand?

Ich kann mich nur noch erinnern, dass der Abendwind die Gardine weit ins Zimmer wehte und die Kerze auf dem Tisch flackerte. An der Wand erschien ein unheimliches Bild. Ich konnte es nicht deuten, es sah aus wie ein Teufel, so, wie er oft in Büchern abgebildet ist.

Schnell war das Bild wieder verschwunden, die Kerze erloschen, nur der Geruch geschmolzenen Wachses lag noch in der Luft.

Ich will gerade das Fenster schließen, als ich eine Frau an der Straßenecke stehen sehe. Seltsam bekannt kommt sie mir vor. Sie dreht ihr Gesicht hoch zu meinem Fenster. Ich erschrecke, das Gesicht kenne ich doch, ich sehe es jeden Morgen im Spiegel. Wie kann das sein? Ich bin doch hier, oder? Jetzt geht die Frau über die Straße. Fast hat sie es geschafft, als ein Sportwagen mit sehr hoher Geschwindigkeit angefahren kommt. Er schleudert über die Straße, die Frau fliegt durch die Luft und bleibt liegen. Das Auto hält. Der Fahrer steigt aus, tippt der Frau an die Schulter. Er schüttelt den Kopf, steigt wieder ein und fährt davon. Kennzeichen verschmutzt, kaum erkennbar, bis auf eine 666.

Blaulicht, ein Krankenwagen und die Polizei kommen, bevor ich sie anrufen kann. Gut, dann ist ja Hilfe da. Ich schließe das Fenster

und will zu Bett gehen.
Einen Moment wird mir schwarz vor den Augen. Als ich die Augen wieder aufschlagen kann, liege ich im Krankenhaus unter einer weißen Decke. Ständig piepsen irgendwelche Geräte, auf Monitoren laufen blaue Striche auf und ab, wandern über kleine Bildschirme. Immer wieder piepst es außerhalb meines Zimmers. Wie bin ich hierhergekommen, ich wollte doch zu Bett gehen. In diesem Moment höre ich eine Stimme in meinen Kopf. „Rette mich, rette mich, ich weiß, du kannst es. Bitte, für meine Kinder."
Wie kommt diese Stimme in meinen Kopf? Klingeln nach der Schwester, nach einer gefühlten Ewigkeit kommt sie ins Zimmer.
Ich erzähle von der Stimme in meinem Kopf. „Sie haben eine schwere Gehirnerschütterung, da kann das schon mal vorkommen. Was Sie brauchen, ist Ruhe."
Na gut, ich lehne mich zurück in die Kissen. Ein wenig schlafen, vielleicht träume ich das alles nur. Die Stimme in meinem Kopf ist wieder da. „Du hast einen Milzriss, sag das den Ärzten, sonst sterben wir beide, sag es ihnen."
Es klingt verzweifelt. Es klopft in meinem Kopf. Also den Notrufknopf gedrückt. Diesmal kommt schneller jemand. Ich schaue auf

die Uhr, fünf Minuten vor Mitternacht. Die Schwester misst den Puls.
„Kaum spürbar, einen Arzt, schnell."
Der Arzt kommt. „Puls bei 44, flache Atmung, Blutdruck …"
„Ich habe eine Milzruptur", sage ich.
„Woher wollen Sie das wissen, sind sie Arzt?"
„Ich weiß es einfach, glauben Sie mir."
„Ultraschall, schnell." Eine Schwester rollt das Gerät herbei.
Es wird angenehm kühl auf meiner Haut.
„Freie Flüssigkeit im Bauchraum," sagt der Arzt. „Bereiten Sie OP 2 vor, schnell. Machen Sie schon, los."
Er nimmt meine Hand, „alles wird gut", sagt er.
Eine Maske auf das Gesicht, und ich dämmere weg.
Ich sehe ein Auto ankommen, wie es scheint ein Sportwagen, mit hoher Geschwindigkeit. Fast habe ich es über die Straße geschafft. Der Wagen schleudert direkt auf mich zu, als mich jemand auf den Gehsteig zieht. Ich falle hin, es tut sehr weh im Bauch. Der Wagen rast weiter.
„Ist Ihnen etwas passiert?"
Ich sehe auf und blicke in ein Gesicht, das mir seltsam bekannt vorkommt.

„Wer sind Sie?“
Sie legt den Finger auf den Mund. „Komm, wir gehen nach Hause“, ich folge ihr wie in Trance. Sie stützt mich, so gut sie kann. Dann weiß ich nichts mehr. Als ich wieder zu mir komme, läuft warmes Wasser über meinen Körper. Unter der Dusche sehe ich jetzt erst etwas, was da nicht hingehört, eine OP-Narbe. Kinderstimmen rufen. „Guten Morgen Mama. Frühstück ist fertig.“
„Ist da noch jemand?

Es ist still in der Runde. Nur ein Matrose geht mit einem klappernden Blech-Eimer vorbei. Wir stellen uns an die Reling.

„Schau mal, ganz da hinten, eine Hochzeitsgesellschaft auf der Mole, kannst du dich noch an diese Dorfhochzeit damals erinnern, als die Braut weg war?“
Ich hab die Geschichte aufgeschrieben, hier ist sie.

Die verschwundene Braut

Und da sag mal einer, auf Hochzeiten könne man nicht viel erleben. Das geht schon, besonders, wenn die Braut verschwunden ist.
Also, das war so. Eine Hochzeit in unserem Dorf ist immer ein Großereignis. Alle sind eingeladen, alle steuern etwas bei, und auf dem Dorfplatz wird dann gefeiert. Aber nun stellen Sie sich mal eine Hochzeit ohne Braut vor. Das geht ja gar nicht.
Die Hochzeit sollte an einem Sonntag stattfinden. Die Kirche war schon festlich geschmückt, die Blumenmädchen waren bereit. Der Herr Pfarrer ebenfalls. Und dann … Der Bräutigam, im festlichen Anzug, in freudiger Erwartung auf das kommende Geschehen. Die Schwiegermutter mit kleinen Tränen in den Augen. Fehlt nur noch die Braut.
Wie es bei uns Sitte ist, gehen die Familien zum Haus der Braut, um sie abzuholen. Die Tür ist festlich geschmückt. Davor steht ein Sägeblock mit einem Baumstamm. Die Säge liegt auch schon bereit.
Nach der Trauung muss der Baumstamm von den Frischvermählten gemeinsam durchgesägt werden. Es gibt noch andere Hochzeitsbräuche. In Louisiana zum Beispiel muss das Paar Hand in Hand über einen Besenstiel springen, der ihm vorgehalten wird.
Na toll. Und was ist, wenn sie hinfallen?

Es gibt ja bei uns das Baumstammsägen. Na ja, genau genommen ist es nur ein großer Ast, aber sägen müssen sie trotzdem. Vorher darf der Bräutigam die Braut nicht über die Schwelle tragen. Das steht symbolisch für Hindernisse in der Ehe, die gemeinsam bewältigt werden müssen. Dass das aber das erste Hindernis für eine Hochzeit werden würde, ahnten wir alle nicht. Na, jedenfalls läuteten die Kirchenglocken eine Stunde vor der Trauung. Zeit für den Brautumzug.
Vorweg der Bräutigam, die Angehörigen folgend, und dann das Dorforchester. Die Braut abholen. Denkste. Nix Braut vor der Tür. Jetzt kommt die Frage auf, wo ist die Braut? „Hat sie kalte Füße bekommen“, frage ich. „Also wenn ich kalte Füße bekomme, dann steck ich sie bei meiner Frau ins Bett.
Wo ist die Braut? Nach der Tradition soll die Braut vor der Tür warten. Hochzeit gut und schön, aber ohne Braut? Also klingeln, klopfen, niemand öffnet.
Ein Radfahrer fährt vorbei. „Hallo, haben Sie diese Frau gesehen?“ Der Schwiegervater hält ein Bild hoch. „Hat irgendjemand diese Frau gesehen?“
„Vorhin ist doch eine junge Frau in einem weißen Kleid in den Bus eingestiegen.“
„Wie sah sie denn aus?“

„Na, schulterlange blonde Haare, eine dunkle Brille, hochhackige Schuhe und eine schlanke Figur."
„Das könnte sie gewesen sein, kam sie aus diesem Haus?"
„Das habe ich nicht gesehen."
Den Bus erreichen wir nicht mehr, denke ich, als knatternd ein Motorrad angefahren kommt. Schulz, der Dorfpolizist in Uniform und Sturzhelm. Einer auf dem Sozius und einer in den Seitenwagen. Los geht's.
Da vorn ist der Bus. Schulze überholt ihn, und dann kommt das Haltezeichen. Der Busfahrer öffnet die Tür. „Bin ich zu schnell gefahren?"
„Darum geht es nicht. Ist diese Frau bei ihnen im Bus? Sehen Sie nach."
Und tatsächlich, da sitzt eine blonde junge Frau. Es ist aber nicht die, die wir suchen. „Ist jemand ausgestiegen?", frage ich.
„Nein, seit Mühlendorf ist aber auch keiner zugestiegen."
Schulze tippt sich militärisch an seinen Helm. „Gute Weiterfahrt."
„Danke."
Der Bus fährt Richtung Stadt davon. Jetzt ist guter Rat teuer, denke ich. Wir fahren nach Mühlendorf zurück. Wo kann die Braut nur sein? Entführt, diesen Brauch gab es mal im Dorf, aber es waren doch alle vor der Kirche

versammelt.
„Jetzt hilft nur noch eins“, sagt Schulz, „mein Hund“.
Kurze Zeit später biegt er um die Ecke. „So, Biene, such“, er hält ihr ein Taschentuch unter die Nase. Und tatsächlich nimmt Biene Witterung auf. Sie schnüffelt an der Haustür und zieht dann zum Hof zur alten Scheune.
Biene schlägt an. „Da kann sie doch nicht drin sein?“
„Biene irrt sich selten.“
„Wir können ja mal nachsehen“, sage ich, als wir Rufe aus der Scheune hören.
Also schnell den schweren Holzriegel anheben. Quietschend öffnet sich die schwere Tür. Und wer steht da, in einem nicht mehr ganz weißen Kleid? Die Braut mit einem großen Paket auf dem Arm.
Sie sagt: „Gut, dass ihr kommt, ich wollte das Geschenk für meinen Mann holen, das habe ich hier versteckt. Und dann ist die Tür zugefallen. Dann ist der Riegel herabgefallen. Und mein Handy liegt auf dem Küchentisch.“
„Da liegt’s ja gut.“
Die Oma kommt.
„Was machen wir mit dem Kleid, es ist voller Staub.“
„Das bekomme ich schon wieder hin, komm mit in die Küche.“ Inzwischen ist Schulz mit

dem Motorrad zur Kirche gefahren, wo immer noch der Bräutigam wartet. Dann kehrt er zurück.
Also dann, das Kleid gerichtet, die Braut auf den Weg zur Kirche. In Schulzes Motorrad quasi unter Polizeiaufsicht, damit sie nicht noch mal verloren geht.
Eine rührende Trauung. Ringetausch, Küsse, Umarmung, alles, was dazu gehört. Aber was ist in dem Paket? In der Gaststätte zur alten Mühle ist der Gabentisch aufgebaut. Ich werde neugierig, obwohl es doch nicht mein Geschenk ist. Der Bräutigam sagt, es ist Zeit, die Geschenke auszupacken. „Zuerst das von meiner Frau.“ Er sieht sie zärtlich an. Eine Menge Papier, dann ein bunter Karton. Eine Modellgarteneisenbahn. „Aber dass ja nicht nur du damit spielst“, sagt sie. „Die ist auch noch für jemand anderen.“ Sie schaut an sich herunter, und streicht sanft über das Kleid.

Es gibt noch mehr Geschichten aus unserem Dorf.

Wo ist mein Büchlein?
Wieder eine Durchsage: „Meine Damen und Herren, hier spricht der Kapitän. Um 21.00 Uhr gibt es ein kleines Büfett zur Nacht. Wir

haben dichten Nebel, und es ist zu gefährlich, einzulaufen. Wir melden uns sofort, wenn es Neuigkeiten gibt.“
Tatsächlich, Nebel wabert so stark um unser Schiff herum, dass wir das Ufer nicht mehr sehen können. Auch das noch.

Also gut, warten wir weiter. Ein Steward bringt Decken, wir können uns auf die Liegestühle setzen.
„Kann ich Ihnen etwas bringen, heißen Grog

vielleicht?“

„Aber gern, 7-mal, vielen Dank.“

Es gibt noch mehr Geschichten aus unserem Dorf.

Herbstnebel - eine besondere Begegnung

Es ist Samstagmorgen, 4.30. Irgendetwas hat mich aufgeweckt. Obwohl ich noch müde bin, stehe ich auf.
Meine Frau wollte gestern unbedingt noch eine Folge ihrer Lieblingsserie sehen, und meinte, bleib doch noch da. Es ist ja lieb gemeint, aber ich bin lieber ins Bett gegangen und war recht früh eingeschlafen. Na ja, manchmal schaut sie ja auch einen Western mit mir an. Aber nur einen guten. Ich öffne das Fenster. Was ist jetzt los?
Dichter Nebel. Um diese Zeit. Ich kann kaum die alte Linde sehen, die direkt vor unserem Hof steht. Der Hund hebt kurz den Kopf und legt sich wieder hin. Seufzt, ach, ach ja, der Hase.
Irgendwie lässt der ihm keine Ruhe. Ich gehe ins Bad, betrachte mich im neuen Spiegelschrank.
Na ja, für mein Alter. Aber der Bart gehört wieder mal „abgehackt“ höre ich, komisch, meine
Frau schläft ja noch. Ich denke an ein Lied „Keine Falte tut mir leid …“
Inzwischen ist es halb sechs geworden. Alle schlafen noch. Marc, der Freund meiner Tochter, ist zu Besuch. Antrittsbesuch bei der Schwiegermutter, habe ich noch gewitzelt. Aber es scheint etwas Ernstes zu sein.

Außerdem spielt er Gitarre, das macht ihn für mich sehr interessant. Ich habe auch eine, komme aber selten zum Üben.
Ich sehe wieder auf die Uhr. Zehn nach halb sechs. Der Bäcker öffnet um sechs. Ja, Herrschaftszeiten, wann steht denn der auf? Also gut, leise anziehen, Schlüssel nicht vergessen. Der Hund schaut auf und schläft weiter. Gestern waren wir lange über die Felder und bis ins Wäldchen unterwegs.
Tür leise zu, und los geht's. Draußen dichter Nebel, überall, über dem Weg, über dem Weiher.
Ich denke an den Erlkönig, als mich ein Ast beim Gehen streift. Was ist denn das, etwa der Erlkönig?
Nein, ein älterer Herr kommt mir entgegen.
„Guten Morgen, so früh schon auf den Beinen."
Er nickt nur und geht langsam weiter.
Der Bäcker hat schon offen, als ich ankomme. Wer steht vor mir? Frau Gruber. „Zehn Semmeln, zwei Brezn und 10 Wurschtsemmeln. Ich hab wieder Monteure in meiner Pension und die brauchen a gescheite Brotzeit, sonst könnens doch nicht schaffe", sie sieht mich an. „Desch isch halt so."
Jetzt bin ich an der Reihe. „Drei, nein lieber vier Brezln, 10 Weckele, und Mohnkuchen

für meine Frau. Ich weiß ja nicht, was so ein Gitarrenspieler zum Frühstück mag. Also noch zwei Wurschtsemmeln."
Einpacken und nach Hause.
Jetzt erst bemerke ich die alte Frau mit den Blumen. Die Blumen stehen in einem verbeulten Eimer. Die Frau hat eine dicke Jacke an und ein Kopftuch auf. Ich denke an meine Frau.
„Was sollen die denn kosten?"
„Was Sie geben", antwortet die alte Frau. „Die sind aus meinem Garten, und in diesem Jahr waren es besonders viele."
Ich nehme einen Strauß Astern. Die mag meine Frau besonders gern. Dann denselben Weg zurück. Immer noch dichter Nebel. Ich komme wieder an der Bank vorbei.
Der ältere Herr sitzt dort. Ich frage: „Ist Ihnen nicht kalt?"
„Doch, schon."
„Kann ich Ihnen helfen?"
„Ja, ich habe mich wohl verlaufen, ich möchte meine Frau besuchen und ihr etwas Wichtiges sagen."
„Wo wohnt Sie denn?", frage ich,
„Na, hier ganz in der Nähe." Er nennt eine kleine Straße.
„Ich bringe Sie hin." Es ist zwar ein Umweg, aber nur ein kleiner. Wir gehen los. Der Mann

hat den Kopf gesenkt, als denke er wiederholt über eine Sache nach.

„Wissen Sie, ich muss es ihr sagen."

Wir gehen weiter am kleinen Weiher entlang. Ein Hase hoppelt über das Stoppelfeld, das aussieht wie eine gelbe Matte, die jemand über das Land gelegt hat.

Nebel zieht wieder über den kleinen Weiher und unseren Weg. Nach einer Weile haben wir die kleine Gasse erreicht. „Hier wohnt schon lange niemand mehr", sage ich.

„Doch hier drüben", er deutet auf das Friedhofstor.

„Kommen Sie bitte mit. Ich habe jemanden kennengelernt. Das muss ich ihr doch sagen. Es war diese heimtückische Krankheit. Die Ärzte konnten ihr nicht mehr helfen."

Er senkt den Blick, und dann schaut er nach oben zum Himmel.

Es ist der dritte Gang links, das Grab liegt unter einer alten Ulme, es scheint, als ob der Baum seine Äste schützend über das Grab hält.

Der Grabstein sieht aus wie ein aufgeschlagenes Buch. Daten und ein Name stehen darauf.

„Lassen Sie mich bitte einen Moment allein."

Ich gehe ein Stück zurück und betrachte die anderen Grabstätten. Ich höre, wie der Mann leise spricht. Er dreht sich zu mir um und sagt:

„Jetzt habe ich doch die Blumen auf der Bank vergessen."
Ich gebe ihm meinen Strauß, meine Frau wird es verstehen.
Er stellt die Astern in eine Vase, die am Stein lehnt. Der Nebel lagert immer noch über dem Land. Das Ganze hat etwas Mystisches. Ich liebe diese Stimmungen. Nur das Türchen der alten Kapelle ist im Nebel zu sehen.
„Gut, gehen wir", sagt er.
Wir laufen los, und der Mann dreht sich noch einmal um. In diesem Moment bricht ein Sonnenstrahl durch den Nebel, und scheint genau auf den Grabstein. Ich überlege einen kurzen Moment. „Kommen Sie doch mit auf einen Kaffee zu uns nach Hause und erzählen Sie uns Ihre Geschichte."
„Vielen Dank, ich komme gern mit."
Meine Frau sagt: „Schön, dass du Besuch mitgebracht hast, der Kaffee ist gleich fertig."
Er fragt: „Da war ein kleiner See, da, wo wir entlanggelaufen sind?"
„Ja", sage ich, „das ist unser alter Weiher. Da fällt mir eine Geschichte ein."

Der Wassermann

Hinter unserer Siedlung liegt ein kleiner Weiher, das ist so etwas wie ein See, nur kleiner. Trauerweiden stehen am Ufer und hängen ihre Zweige tief hinunter zum Wasser, als wollten sie den Weiher beschützen. Eine kleine Bank steht am Ufer.
Manchmal, wenn ich samstags vom Brötchenholen komme, setze ich mich dort einfach mal einen Moment hin. Die Stille genießen, den Nebelfetzen nachsehen, die über den alten Trauerweiden schweben.
Jetzt wird es laut. Bauer Lindemann tuckert mit seinem Trecker vorbei.
„Guten Morgen."
„Ebenfalls guten Morgen, so früh schon auf?"
„Ja, die Arbeit macht sich nicht von alleine."
„Pause", sage ich. „Setz dich doch einen Moment zu mir, es ist gerade so friedlich."
Er stellt den Motor ab und setzt sich zu mir auf die Bank. Einige Krähen fliegen mit heiserem Krächzen über uns hinweg hinüber auf das Feld. Ein Hase schlägt Haken, also ob der Fuchs hinter ihm her wäre.
Und dann passiert es. Wir schauen beide über das Wasser. Bauer Lindemann sagt: „Schön, diese Morgenstille, so eine Ruhe, ich bin seit 4 Uhr auf", als die Ruhe jäh unterbrochen wird. Das bis dahin stille Wasser blubbert, erst ein wenig, dann immer stärker. „Was ist

denn jetzt los?", fragt Bauer Lindemann.
Eine vor Nässe triefende Gestalt hebt sich halb aus dem Wasser. Lange zottelige Haare, ein bärtiges Gesicht, die Schultern voller Wasserpflanzen. „Ihr Menschen wagt es, mein Reich zu verschmutzen." Die Gestalt hebt ihre Hände und dann – eine Welle kalten Wassers übergießt uns.
Wir reiben uns die Augen, die Gestalt ist immer noch da.
„Ich bin Quachs, der alte Wassermann, und lebe hier seit vielen, vielen Jahren. Und ihr seid die, die mein Reich stören."
Wir sehen uns an, und dann frage ich: „Wieso stören wir dein Reich, wir sitzen hier ganz friedlich."
„Das werde ich euch zeigen", der Wassermann taucht unter und kommt mit einem alten Kochtopf und einer Bratpfanne wieder hoch. Er taucht noch einmal, und ein verrostetes Fahrrad kommt ans Licht.
„Ich könnte denken, da unten wohnt einer", entschlüpft mir der Spruch.
„Ja, da unten wohne ich."
Ein weiterer Schwall kalten Wassers trifft uns. „Soll ich noch mehr hochholen?", fragt der Wassermann, er taucht unter und eine weitere Bratpfanne kommt zum Vorschein.
„Also, so geht das nicht. Der Weiher ist doch

keine, wie nennt ihr Menschen das?"
„Müllhalde", entgegne ich.
„Jawoll. Keine Müllhalde. Es kann doch mal passieren, dass unabsichtlich etwas ins Wasser fällt." Der Wassermann taucht wieder unter und bringt ein altes Radio hoch. „So aus Versehen, aber das? Und ich brate nicht unter Wasser, und Radio höre ich auch nicht." Der Wassermann schüttelt den Kopf. Wasser spritzt wieder zu uns herüber. „Jetzt macht gefälligst mein Reich sauber, sonst tue ich es, und dann …", er taucht wieder unter, wieder auf und zieht ein grimmiges Gesicht.
Bauer Lindemann stupst mich an. „Jetzt sind wir beide etwas eingeschlafen."
„Ich hatte einen ganz komischen Traum", sage ich.
„Ja, ich auch", sagt Bauer Lindemann.
Wir sehen uns an, warum sind wir so nass? Die Trauerweiden neigen die Zweige zum Wasser, als solle das heißen „wir wissen von nichts".
Wir stehen auf.
„Komm, ich fahre zum Hof", sagt Bauer Lindemann, „erst mal was Trocknes anziehen".
Dann sitzen wir gemeinsam, jeder in eine Decke gehüllt, auf der Ofenbank, versorgt mit heißem Tee. Haben wir nur geträumt. Aber wieso sind wir dann so nass geworden?

Später fahren wir mit dem Trecker ganz langsam zu mir nach Hause. Am Brett, dem Dorfanzeiger, hängt ein Zettel: Nächsten Samstag ist Weiherfege, die Freiwillige Feuerwehr kommt. Alle sind aufgerufen zu helfen.
Als ich am nächsten Tag am Weiher vorbeigehe, glaube ich, ein leises Dankeschön zu hören, aber vielleicht sind es nur die leichten Wellen, die ans Ufer rollen. Wer weiß.

Wieder kommt aus den Bordlautsprechern eine Durchsage. „Wir bitten um etwas Geduld. Im Salon ist das Abendbüfett eröffnet. Nicht so viel, aber gut. Getränke sind auch genügend da."
Meine Frau meint: „Hoffentlich wird es nicht eine lange Nacht."

Da fällt mir damals ein …

Eine lange Nacht

Ich stehe hier schon eine gefühlte Ewigkeit. Ich stehe an, weil es hier etwas gibt, das nur einmal im Monat verkauft wird. Rauchglasvasen. Neuerdings hat meine Frau ihre Vorliebe dafür entdeckt. Das kommt davon, wenn man die Verwandtschaft besucht. Kannst du welche besorgen? Na klar, wenn man sich anstellt mitten in der Nacht.
Es ist Viertel vor drei. Wann bitte sind die anderen gekommen? Eine Frau steht hier seit Mitternacht, sie ist die erste. Geöffnet wird um 9.00 morgens. Na gut, der Vorrat ist immer sehr begrenzt und begehrt, aber so zeitig schon da sein?
Hinter mir sitzt, Neid lass nach, ein junger Mann. Ich hätte den Campingstuhl mitnehmen sollen. Ich drehe mich nach ihm um. Er liest ein Buch. Als er es kurz zuschlägt, sehe ich den Titel. „Italienische Reise, Goethe". Schön, dass das auch junge Leute lesen.
Die Uhr am alten Markt schlägt vier Mal. So lange noch. Aber was tut man nicht alles für die Frauen.
Nach einer Weile wird es langsam hell. Die ersten frühen Straßenbahnen fahren los. Langsam werde ich müde. Der junge Mann hat sein Buch zugeschlagen und ist wohl etwas eingenickt. Leute gehen, eilen, laufen zur Arbeit oder auch nach Hause, so genau sieht

man das nicht.
Irgendwie scheint die Zeit jetzt schneller zu vergehen. Im Laden geht das Licht an. Ein Schild wird an die Tür gehängt. Heute ab 8.00 geöffnet. Juhu, eine Stunde weniger warten. Ich sehe auf die Uhr. 6.30.
„Setzen Sie sich doch einen Moment", sagt der junge Mann.
Ich nehme das Angebot gern an. Dann stehe ich wieder. Nach einer Weile lehne ich mich an die Tür, ich bin müde. Es ist jetzt kurz vor acht Uhr, als ich ein lautes Kichern, Lachen, Gerede, immer näher kommend, höre. Ich stehe auf und sehe so geschätzte 17 Leute, laut plappernd, zum Geschäft kommen. Der junge Mann steht auf, ich bin, soweit ich sehe, der dritte vor der Ladentür.
Der junge Mann saß direkt hinter mir. Er bekommt einen Umschlag von der Gruppe und geht sichtlich zufrieden, sein Buch unter dem Arm, den Stuhl in der Hand, Richtung Innenstadt.
Die angekommenen Leute stellen sich auf den Platz, an dem der Student gesessen hatte.
Jetzt gibt es Ärger. „Das ist ja wohl die Höhe", Gezeter, ja fast Geschrei ertönt. Ich warte nur auf Handgreiflichkeiten. „Also, so geht das nicht. Wir warten die ganze Nacht, und dann das."

Ich halte mich möglichst heraus. Jetzt kommt noch mehr Bewegung in die Sache. Die Ladeninhaber öffnen die Tür, stehen aber so, dass man nicht ins Geschäft kann.
„Was ist hier los?“ Die Frau, die ganz vorn steht, berichtet.
„Also, zwei Leute lasse ich gelten. Aber mehr auch nicht. Ansonsten machen Sie das unter sich aus.“ Ladentür auf. Immer nur zwei Kunden.
Ich nehme zwei sehr schöne Rauchglasvasen, mehr gibt es nicht pro Person, vorsichtig eingepackt.
Vor der Tür Lärm, jetzt übelste Beschimpfungen, der erste Schlag. „Ich rufe jetzt die Polizei“, sagt der Inhaber.
Seine Frau stoppt den Verkauf.
Nichts wie weg hier, zur Straßenbahn. Ich sehe gerade noch einen Streifenwagen ankommen und vor dem Geschäft halten.
Jetzt freue ich mich auf Kaffee und Frühstück. Ich schließe auf. „Hallo, bin wieder da.“
Keine Antwort. Niemand hier. Nicht in der Küche, nicht im Bad. Oder vielleicht schläft sie noch? Da liegt ein Zettel auf dem Couchtisch. „Bin bei meinen Eltern.“
Gut, dann mach ich mein Essen selber. Leckeres Rührei und Kaffee. Was ist das?

Kaffeebüchse leer. Aus den paar Krümeln kann man doch keinen Kaffee kochen. Kühlschrank auf, gähnende Leere. Na toll. Ich verstecke die beiden Vasen gut und geh erst mal schlafen.
Irgendwann, noch im Halbschlaf, höre ich den Schlüssel im Schloss drehen. Erster Gang zum Stubentisch.
„Hast du etwa nichts bekommen? Wo bist du denn?“ Ich werde angestupst.
„Hallo, der Laden ist offen, Sie sind dran.“
„Also, ich nehme die lila und die rote Rauchglasvase.“ Gut verpackt und ab nach Hause. Hausschlüssel? Es brummt an der Tür, gut, nur aufstoßen. Im Treppenhaus riecht es nach frischem Kaffee. Doch nicht etwa bei uns? In der Tür steht meine Frau. Frühstück ist fertig. Ein reich gedeckter Frühstückstisch, meine Lieblingsmarmelade, und was ist das, zwei Konzertkarten für… ich glaub es nicht.

Wir müssen noch eine Nacht auf dem Schiff verbringen. Gut, wenn es nichts kostet, dann also. Wir gehen noch einmal an Deck. Ein Mann in Uniform tritt zu uns.
„Sie sind das Paar, das die Geschichten erzählt?“
„Ja.“
„Ich habe auch eine.“

Der Leuchtturm am Kap zur letzten Hoffnung

Der alte Leuchtturm am Kap hat ausgedient. Viele Jahre hat er den Seeleuten den Weg gesichert, immer in Sturm und Wind, im dichtesten Nebel. Jetzt kommt dort ein Funkfeuer hin, ein modernes mit Satellitenkontakt.
Wir sind unterwegs zum Turm, holen jetzt die letzte Besatzung vom Leuchtturm ab, in der Seemannssprache heißt dieser Leuchtturm der Leuchtturm vom letzten Kap, unter vorgehaltener Hand allerdings der Leuchtturm zur letzten Hoffnung.
Man sagt, dort spukt es zuweilen.
Der Leuchtturm ist nur mit einem Beiboot zu erreichen. Gefährliche Klippen. Direkt darauf ist der Leuchtturm gebaut. Ich frage mich, wie haben die damals das Baumaterial da hinaufgebracht.
Mein Kollege stößt mich an, weiter rudern, ab hier wird es mit Motor zu flach. Sonst sitzt die Schraube auf dem Felsen auf. Ich denke, wer will uns hier schon festschrauben, ergreife den Riemen, und los geht's. Die Gischt schlägt weißen Schaum an die Klippen, und dann sehe ich es zum ersten Mal.
Auf der Treppe, die zum Leuchtturm führt, steht ein kleines Mädchen. Es trägt ein helles Sommerkleid und ein feuerrotes Kopftuch. Es scheint aufs Meer hinaus zu schauen.
Ich reibe mir die Augen, das Kind ist immer

noch da.
„Sieh mal, da", sage ich zu Hein.
„Mach weiter, wir sind gleich da", sagt er.
„Sieh mal, da steht doch jemand."
„Ich sehe nichts", sagt Hein. „Was soll denn da sein?"
„Na ein Kind, dort auf dem Felsen."
In diesem Moment dreht sich das Kind um, sein Kleid ist voller Blut. Es sieht jedenfalls so aus. Ich reibe mir wieder die Augen, muss aufpassen, den Ruderriemen nicht zu verlieren, sehe wieder hin, das Kind ist verschwunden.
Endlich angelegt. Das Boot gut verzurren. Wind kommt auf. An der Kimm leuchtet es leicht violett. Dann in vielen Farben. Sonnenuntergang. Jetzt schon, hier stimmt doch etwas nicht ganz. Ich sehe auf meine Uhr. Könnte stimmen, wir sind lange gerudert. Also manchmal spielt einem der Verstand schon einen Streich. Aber es sollte noch mehr passieren.
„Also los, komm, ich brauch einen Tee mit Rum", sagt Hein.
„Ich auch, aber den Tee kannste weglassen."
Zum Leuchtturm hinauf führt eine steile, in den Felsen gehauene Treppe. Der Wind ist mittlerweile stärker geworden, und der Himmel verdunkelt sich zusehends. Rote, violette,

orange, grüne Wolkenfetzen ziehen darüber hin, es sieht aus, als würde ein Tuch aus vielen bunten Flecken von einer unsichtbaren Hand über das Meer gelegt. Unheimlich, aber ein sehr schönes Farbenspiel.
Jetzt aber zum Turm, ehe es wirklich ungemütlich wird. Die Treppe scheint kein Ende zu nehmen, sie ist nass von der Gischt, ich muss aufpassen nicht auszurutschen.
Wir sind fast oben angekommen, als ich es sehe, da liegt da ein rotes Kopftuch. Ein Kinderkopftuch.
Als ich mich bücke, um es aufzuheben, flattert es davon. Ein plötzlicher starker Windstoß trägt es die Treppe hinunter. Ich möchte mich festhalten, aber da ist nichts zum Greifen. Gerade so kann ich einen Sturz abfangen.
Der Himmel hat sich jetzt noch mehr verdunkelt, ein erster Blitz erhellt die Nacht. Irgendetwas beleuchtet der Blitz, ich kann es nicht genau sehen, dann ein zweiter hellerer Blitz. Es sind die Reste einer Harpune. Der Stiel ist abgebrochen, und auf dem Metall sind dunkle Flecken. Blut?
„Jetzt komm endlich", sagt Hein, „sonst trifft uns noch der Blitz." Im gleichen Moment blitzt es, er scheint fast neben uns einzuschlagen, und ein sehr heftiger Donner durchdringt die Nacht.

„Sag mal, gibt's hier Blitze auf Bestellung?"
„Beruf das lieber nicht," sagt Hein.
Der Wind ist schon fast ein Sturm.
„Hast du das Boot richtig festgemacht?", frage ich.
„Kannst ja mal nachsehen", sagt Hein.
Die letzten Stufen, wir müssen uns gegen den Wind stemmen. Da ist die grüne Tür. Sie geht nach außen auf, und nur mit viel Mühe bekommen wir sie auf.
„Die Scharniere gehören auch mal wieder geölt."
„Kannst du ja machen, wenn du hier einziehen willst."
„Was soll ich denn noch alles machen?"
Zur Wohnung führt eine Wendeltreppe aus Stahl hinauf. Die Stufen sind stellenweise durchbrochen, da muss man schon schwindelfrei sein.
Die Tür zur Wohnung steht offen. Ich klopfe an. Niemand antwortet. Also dann mal rein. Erst mal die Südwestern ablegen, die tropfen vor Wasser. Wohin damit, in die Küche. Im Spülbecken stehen zwei schmutzige Tassen, daneben eine halbvolle Flasche Rum. Der Abfalleimer ist voll. Konservenbüchsen, Brotreste, altes Gemüse.
Ich rufe: „Hallo, die Ablösung ist da", keine Antwort. Gut, oder nicht gut.

Hein sagt: „Wo sind die denn?“
„Weiß nicht“, entgegne ich.
Im Wohnzimmer steht ein Tisch, darauf zwei Teller. Eine angefangene Fischbüchse, der Inhalt noch fast frisch. Angebrochenes Brot, ebenfalls noch gut. Zwei Gläser halb ausgetrunken. Was ist hier passiert? Wo sind die beiden?
In der Ecke steht ein Funkgerät. Es ist auf Empfang geschaltet. Ich höre ein leises Rauschen. Dann knackt es im Funkgerät. „Zerstörer Birmingham an Leuchtturm. Erbitten Leuchtsignal. Leuchtturm 2011 antwortet nicht.“
Was ist hier los? Ein schlechter Traum. Sind wir gemeint? Mein Blick fällt auf den Kalender über der Wanduhr, 14.02.1944. Wo sind wir, besser, wann sind wir?
„Hier Zerstörer Birmingham, wir bringen einen Passagier mit Beiboot herüber, bitte Leuchtfeuer einschalten.“
Das Leuchtfeuer geht an. Wir haben doch gar nichts getan.
„Das ist Samenta“, hören wir. Ein kleines Beiboot schwankt in den Wellen. Darauf ein Kind. Wir eilen nach unten.
„Wir haben sie aufgefischt und können sie nicht mitnehmen. Passen Sie gut auf sie auf“, sagt ein Matrose in alter Kluft.

„Machen wir."
Hein nimmt das Mädchen an die Hand, wir gehen hoch zur Wohnung. Was ist denn hier los? Das kleine Mädchen trägt ein weises Sommerkleid und ein feuerrotes Kopftuch.
„Ich heiße Samenta, Samenta", mehr sagt sie nicht, sie scheint sehr in sich gekehrt zu sein. Die meiste Zeit sitzt das Mädchen auf seinem Stuhl und sieht auf die See hinaus.
Immer noch wissen wir nicht, wo unsere Kollegen sind.
Wenn das Wetter besser ist, wollen wir mal die gesamte Klippe absuchen.
„Ich will nach Hause", sagt sie, wenn sie überhaupt einmal etwas sagt.
„Ich gehe jetzt mal ans Meer, vielleicht kommt Papa und holt mich ab."
„Pass gut auf."
Samenta geht die Stufen zum Meer hinunter. Sie hat ihr feuerrotes Kopftuch auf. Trotz des Windes trägt sie ihr helles Sommerkleid.
Sie winkt zu mir herauf. Ich sehe mich im Leuchtturm um. Jetzt fällt mir ein Bild auf, es zeigt Samenta mit ihrem roten Kopftuch. Über dem Bild ist ein Trauerflor gespannt, darunter steht: Samenta, gest. 14.02.1944. Darunter ein kleines Buch. Tagebuch von: Der Name ist verwischt vom Seewasser. Samenta ist heute tödlich verunglückt, sie ist

ausgerutscht und unglücklich in die Harpune gefallen.
Warum habe ich nicht besser aufgepasst. Warum nicht. Dieser verdammte Krieg. Ich denke ich daran, nach Samenta zu sehen.
Wo ist sie? Die Treppe hinunter. Ist das Blut? Und dann sehe ich sie. Hein ist bei ihr, er sagt: „Wir gehen nach Hause“.
„Nach Hause, ja, nach Hause.“
Das Mädchen umklammert, so fest es kann, seine Hand.
In diesen Augenblick kommt Nebel auf und zieht über die See auf den Leuchtturm zu. So, als hätte ein Riese Rauch ausgeblasen. Ein dichter, unheimlicher Nebel.
Die beiden gehen jetzt langsam in den Nebel hinein, nun sieht das Kind zu dem Mann hinauf.
Das feuerrote Kopftuch ist noch lange zu sehen. Die Gestalten verblassen nach und nach im Nebel. Jetzt bin ich doch tatsächlich eingeschlafen. Hein stupst mich an.
„Ich habe die beiden gefunden, unten an der Höhle. Sie wollten nur noch Abschied nehmen vom Leuchtturm.“

Die verborgene Küche

Wir haben ein Haus gekauft. Unser Traumhaus ist nicht gerade das modernste, aber die Lage am Waldrand, dazu nebenan ein kleiner Bach, eine große Wiese für die Kinder, wenn wir einmal welche haben werden. Zwei Etagen, zwei Bäder, Kinderzimmer, Hobbyraum, ein großer Garten.

Wir standen davor und sahen uns an. Das ist es, dachten wir beide. Lange haben wir hin und her gerechnet, dann kam uns der Zufall zu Hilfe.

Ein kleines Geschäft, eigentlich nur schnell einen Snack kaufen, und da war diese Lottoannahme. Gut, ein Los nehmen wir, aber nur eines. Am Samstag die Ziehung, fast vergessen, da war doch noch dieses Los. Die Zahlen verglichen. Das gibt's ja gar nicht. Sechs Richtige! So viel Geld.

Und jetzt sind wir Hausbesitzer, und wenig Geld ist auch noch übrig. Es ist ein altes Haus, aber die Bausubstanz ist recht gut. Die Dorfbewohner erzählen, dass einst ein Gasthaus nebenan gestanden hätte, in dem der Kaiser Napoleon gespeist und übernachtet habe. Es wurde später wegen Baufälligkeit abgerissen, nur unser Haus steht noch. Man wird einiges machen müssen, aber das schaffen wir schon. Im Schlafzimmer sind wir fast fertig.

Eine Wand müssen wir noch tapezieren oder täfeln? Was ist wohnlicher? Mein Mann klopft die Wand ab.

Diese Täfelung müsste halten, aber was ist das, es klingt hohl? Hinter der Wand ist doch nichts mehr.

Das ist die Außenwand, da kann es nicht hohl sein. Ich gehe vor das Haus, Richtig, da ist die Außenwand. Gibt es einen Hohlraum darin? Na, da sehen wir morgen nach.

Ich räume noch den Tisch ab, gespült wird morgen. Mein Mann ist vor dem Fernseher eingeschlafen. Es lief irgendein Historienschinken, ein Mantel- und Degen-Film.

Na gut, ab ins Bett. Aber irgendwie lässt mir die Wand keine Ruhe, ich stehe auf und sehe nach dem Schlafzimmer, ewig können wir doch nicht auf den Sofa schlafen. Ich reibe mir die Augen. Da ist ein Spalt unter der Wand, und es scheint ein Licht heraus. Eine Sinnestäuschung? Wahrscheinlich.

Jetzt höre ich ein Geräusch, als ob ein Sessel oder ein Stuhl verschoben wird. Das Licht unter dem Spalt flackert. Eine Kerze? Das Licht verlöscht, es riecht nach Wachs. Wahrscheinlich Einbildung. Also gut, wieder auf das Sofa. Mein Mann dreht sich im Schlaf um.

Ich beschließe, ihm nichts davon zu erzählen.

Am nächsten Morgen gehe ich zuerst wieder ins Schlafzimmer, was ist das, auf dem Fußboden sind Wachsreste zu sehen, das Fenster ist offen, und auf dem Fenstersims sind auch Wachsreste. Wir haben hier nie mit Kerzen hantiert, und das Fenster war gestern noch zu. Das weiß ich genau.

„Schatz, ich muss noch mal weg es gibt wohl Probleme auf der Baustelle.“

„Ist gut, ich koch uns was Schönes.“

Als erstes war die Küche fertig.

Das erste Mal kochen, in der neuen Küche.

Die Tür fällt ins Schloss, sein Wagen startet und er fährt Richtung Stadt.

Jetzt gehe ich erstmal um das Haus herum. Da ist nirgendwo ein Spalt zu sehen, durch welchen das Licht, das ich in der Nacht gesehen habe, hätte eindringen können.

Nun gut, heute ist Wochenmarkt. Es ist kühl, der Herbst kündigt sich an. Also einen schönen Eintopf, obwohl der mehr Arbeit macht als ein Braten. Aber was solls, es wird eh wieder etwas mehr, und dann haben wir noch genug für den nächsten Tag übrig.

Kohl, Kartoffeln, Möhren, Petersilie. Es fehlt, das Suppenfleisch. Ah, da drüben gibt das Gesuchte.

Der Metzger schaut grimmig drein. Er hackt Knochen mit einem kleinen Beil. „Was darfs denn sein?"

„Ein Pfund Suppenfleisch und zwei Markknochen."

„Gut." Er packt das Gewünschte ein.

„Sagen Sie, haben Sie nicht das Haus am Waldrand gekauft?"

Ich bin etwas verwirrt.

„Da muss ich Ihnen sagen, da war mal ein Gasthof. Man erzählt sich, dass Kaiser Napoleon dort übernachtet und gespeist hat. Das alte Gasthaus ist abgerissen worden, baufällig, nur der Wohntrakt steht noch. Zuweilen soll es dort unheimlich sein. Mehr weiß ich nicht.“

Ach was?

„Ja, das haben wir erworben, ist etwas damit nicht in Ordnung?“

Er schaut mich mit finsterem Blick an. „Es kommt, wie es kommen soll“, sagt er. „Viel Glück!“

„Das kann ich brauchen, danke.“

Auf dem Heimweg schüttle ich den Kopf. Wie kann er von mir wissen. Aufschließen, Tasche auf den Küchentisch wuchten. Durchatmen.

Irgendetwas ist anders. Jetzt fällt es mir auf. Ein fremdes Parfüm. Die Marke kenne ich nicht. Ist da jemand? Schublade auf, Messer in die Hand. Niemand zu sehen. Also Fenster auf.

Aber was ist das, jetzt duftet es nach Essen. Es riecht köstlich. Ich blicke aus dem Fenster. Nichts zu sehen, niemand grillt oder kocht auf dem Feld, was ohnehin seltsam wäre – und ansonsten leben wir ohne direkte Nachbarn.

Jetzt glaube ich, Stimmen hinter der Wand zu hören. Aufgeregte Stimmen. Dazu das Klappern von Töpfen. Ich sehe nach dem Radio, vielleicht habe ich es heute Morgen angelassen? Nein, es ist ausgeschaltet.

Woher kommt plötzlich dieser Nebel? Er scheint aus dem noch nicht fertigen Schlafzimmer zu kommen. Da, wo der Spalt war, ist plötzlich eine Tür. Vorhin war doch da noch keine Tür. Oder? Nein, da ist jetzt tatsächlich eine Tür. Ich habe das Messer noch in der Hand. Eine Klinke ist dran, ich drücke sie herunter, die Tür geht auf. Ich stehe nicht an der frischen Luft, obwohl ich durch die Außenwand trete! Ein neuer, mir unbekannter Raum.

Ich bin einen Moment benommen, dann höre ich eine tiefe Stimme. „Da seid ihr ja endlich. Kommt, der Kaiser wartet nicht gern."

Was ist hier los? Was für seltsame Kleider tragen die Leute hier? Und was treiben die überhaupt in unserem neuen Anbau? Eigentlich stellt sich mir eine weitere andere Frage: Wo bin ich?

Töpfe klappern, Feuer brennt im Herd, eine Magd putzt Silbergeschirr.

Oder noch besser wann bin ich? Und was habe ich jetzt an? Ein seltsames Kleid und eine weiße Schürze darüber. Der Mann klatscht in die Hände.

„In zwei Stunden möchte der Kaiser speisen, also los."

Ich frage: „Welcher Kaiser?"

Die Antwort: „Der Kaiser Napoleon natürlich!"

Ich lächele, das soll wohl ein Scherz sein. Hat sich eine Laienspielgruppe in unser Haus geschlichen und irgendwo eine Kamera versteckt?

„Du sollst nicht träumen, der Kaiser wartet nicht gern."

„Was soll ich machen?"

„Das Huhn Marengo, das hat er nach der Schlacht von Marengo gegessen."

Irgendwie habe ich davon schon mal gehört. Ach ja, aus einem der hintersten Winkel meines Gedächtnisse krame ich das Rezept wieder hervor.

„Also wo sind Huhn, Champignon und Hühnerbrühe?“, frage ich.

Der Mann antwortet: „Hier, alles da, und wir haben frische Tomaten.“

Nach einer Weile duftet es köstlich. Abschmecken, perfekt.

Ein Soldat holt das Essen ab. Ich wasche mir die Hände und warte. Das Küchenpersonal räumt auf und beginnt mit dem Abwasch.

Jemand tippt mich an. „Komm mit!“, sagt er.

Es geht über eine Treppe in den Speisesaal. Oha, was unser Haus so alles hergibt.

Da sitzt er, Kaiser Napoleon der 1., und winkt mir zu.

„Tritt näher!“

Brav mache ich einen Hofknicks.

Er mustert mich, mein Schürze hat ein paar

Tomatenflecken abbekommen. Das scheint er nicht zu bemerken. Napoleon blickt hinter sich. Ein Diener geht kurz weg. Als er wiederkommt, trägt er ein Tablett. Darauf zwei Goldstücke.

„Die hat sie sich verdient“, sagt der Kaiser.

Zwei Becher Wein werden gebracht wir stoßen an.

„Gut, sie darf sich entfernen“, und im Gehen höre ich: „Es war vorzüglich, ganz vorzüglich.“

Wieder in der Küche, wallt auf einmal Wasserdampf auf. Ich sehe fast nichts mehr, stoße mich am Herd oder an was auch immer. Da ist eine Tür. Frische Luft, die Tür öffnen, und dann stehe ich wieder in unserem Schlafzimmer.

Die Müdigkeit übermannt mich. Das Bett ruft.

Ich muss tatsächlich etwas eingeschlafen sein, als mein Mann nach Hause kommt.

„Komm bitte mal her. Wo hast du denn die zwei Goldstücke gefunden, die auf dem Tisch liegen? Die sind ja aus der Napoleonischen Zeit.“

Ich bin versucht, ihm zu erzählen was ich erlebt habe, aber er würde mir doch nicht glauben.

„Meinst du, wir dürfen sie behalten. Vielleicht sind die irgendwie im Haus geblieben, und wir haben sie beim Umbau übersehen, wer weiß?“

Wir haben die Goldstücke verkauft, und die restliche Renovierung davon bezahlt.

Der Münzhändler hat mächtig gestaunt, er meinte, die Münzen seien fast neu und auf jeden Fall echt.

„Meine Damen und Herren, hier spricht der Kapitän. In wenigen Minuten legen wir an und Sie können von Bord gehen. Wir wünschen eine angenehme Heimreise.“

Also die Gangway hinunter, die Koffer sind schwer.
„Wollen wir noch etwas trinken, wir werden

erst in zwei Stunden abgeholt."
„Und wo?"
„Na, im Blauen Kraken."
Vor der Tür steht ein älterer Herr. „Treten sie ein, mein Name ist Zacharias Zappenduster."

Kaum sitzen wir in der gemütlichen Hafenkneipe, lauschen wir auch schon einer Geschichte, die am Nachbartisch erzählt wird und gerade erst begonnen zu haben scheint.

Unser kleiner Polarexpress

Es ist immer wieder schön, in leuchtende Kinderaugen zu sehen. Besonders an Weihnachten.
Dieses Weihnachten war jedoch etwas ganz Besonderes, das hat etwas mit einer Eisenbahn zu tun. Nicht mit einer Modellbahn, die unter dem Weihnachtbaum liegt, diesmal die große, oder besser die kleine große. Aber ich sollte einmal von Anfang an erzählen.
Es kam so. In unserem Dorf war jeden Samstag die Kinovorstellung eines Wanderkinos. Das war ein alter Stabswagen mit Lautsprechern. Davor wurde dann eine Leinwand aufgestellt, und Filme wurden gezeigt.
Meist war das ganze Dorf versammelt, einige haben ihre Stühle von zu Hause mitgebracht, weil die vom Kino nicht ausreichten. Ein Großvater brachte sogar einmal seinen Schaukelstuhl mit.
Und dieses Jahr gab es eine besondere Vorstellung. Kinder haben freien Eintritt, stand auf dem Schild, auf dem immer angeschrieben stand, welcher Film gezeigt wurde. Da stand nun: „Der Polarexpress“, ein Weihnachtsfilm. Da geht es um einen Zug, der zum Nordpol zum Weihnachtsmann fährt.
Die Kinder im Zug erleben richtig schöne Abenteuer.

Vor dem Kino stand ein prächtig geschmückter Weihnachtsbaum.
Als es dann auch noch anfing zu schneien, war die Weihnachtsstimmung perfekt.
Der Film begann, und dazu rieselten viele kleine Schneeflocken vom Himmel herab.
Die Kinder konnten den Blick nicht von der Leinwand lassen. Als der Film zu Ende war, hörten wir immer wieder: „Da möchte ich auch mal mitfahren. Oh ja, das wäre schön."
„Polarexpress, wir fahren mit dem Polarexpress", sangen die Kinder auf dem Weg nach Hause. Im Kinowagen wurde wieder alles verstaut. Der Stabswagen fuhr ab ins nächste Dorf. Das heißt, weit kam er erst mal nicht. Er blieb auf den Schienen der alten Schmalspurbahn hängen. Mit vereinten Kräften der Dorfbewohner wurde der Kinowagen wieder freigeruckelt und konnte weiterfahren.
Da plötzlich tauchte in unseren Köpfen fast gleichzeitig eine Idee auf. „Ja, das machen wir, es ist noch eine Woche bis Heiligabend, da wird doch zu schaffen sein."
„Nur die Kinder dürfen noch nichts wissen, als pssssst."
Unsere Idee zu Weihnachten.
An unserem Dorf führt eine kleine Schmalspurstrecke entlang. So um die acht Kilometer, oder auch etwas mehr. Mehrmals im

Sommer fährt außerdem ein Museumszug für Einheimische und Touristen.
Und jetzt, jetzt, machten wir aus dem Zug unseren eigenen kleinen Polarexpress. Die Wagen müssten eh mal wieder gestrichen werden. Diesmal nehmen wir blau. Und an die Lokomotive bauen wir aus Holzleisten, einen „Kuhfänger“, so hießen die Schienenräumer in Amerika scherzhaft. Wie die Lok im Film einen hatte.

„Dann fehlt aber noch der Nordpol“, sagte der Bürgermeister.
„Den mach ich schon zurecht“, sagte Fiete.
„Und Wichtel brauchen wir auch noch, und, und …“, die Stimmen redeten alle durcheinander. Jeder trug etwas bei.
„Lasst uns einen Plan machen.“
Papier und Bleistift waren schnell zur Hand. Wie im Flug verging die Woche, einen Tag vor Weihnachten war der Polarexpress fertig. An den Wagen stand: Ziel Nordpol.
Jetzt fehlt nur noch viel Schnee, dachten wir. Wie auf ein himmlisches Kommando begann es zu schneien. Erst ganz wenige Flocken, dann immer mehr. Ein weißes Weihnachtswunderland.
Der Heilige Abend kam, an den Weihnachtsbäumen in den Stuben funkelten die Lichter,

Schneeflocken tanzten um die Straßenlaternen. Der Mond warf sein Licht auf den alten Weiher, der wie jetzt wie Silber glänzte.

Weihnachtswunderland

Die Kirchenglocken läuteten die Weihnachtsnacht ein.
Die Kinder schauten erwartungsvoll auf die heimischen Weihnachtsbäume. Aber da waren gar keine Geschenke. Was ist denn los? „Gibt es diesmal gar nichts?“, fragten sich die Kleinen.
In diesem Moment fuhr ein großer Schlitten durch das Dorf.
Eine Stimme ertönte. „Ho, ho, ho, kommt heraus, der Zug fährt gleich ab zum Nordpol.“
Die Mütter zogen ihre Kinder, die mit staunenden Blicken zu fragen schienen, was ist denn jetzt, ein Zug hier und heute, warm an. „Kommt nur mit.“ Der Schlitten war sehr groß und wurde von zwei Pferden gezogen, die jeweils ein Rentiergeweih auf den Köpfen trugen. Eine Glocke auf dem Schlitten läutete, und die Kinder fragten sich immer wieder, wieso ein Zug hier bei uns.
Am Bahnhof angekommen, staunten sie noch mehr. Da stand er, der Polarexpress.
„Einsteigen bitte, gleich geht es zum

Nordpol."
„Die Fahrkarten bitte." Jedes Kind bekam eine Fahrkarte mit der Aufschrift zum Nordpol.
Die Dampflok pfiff zweimal, und dann setzte sich der Zug in Bewegung. Er rumpelte über die einzige Weiche, die zum Lokschuppen führte, weiter in die schneebedeckte Landschaft.
„Wo mag es wohl hingehen?", fragte ein kleines Mädchen.
„Hast du doch gehört, zum Nordpol. Das ist doch der Polarexpress."
Der Zug fuhr langsamer, im Schnee stand ein Wichtelmännchen im grünen Anzug mit einer ebenso grünen Mütze.
Der Lokführer fragte mit donnernder Stimme, um das Geräusch der Dampflok zu übertönen; „Sag mal, wir wollen zum Nordpol, zum Weihnachtsmann, sind wir da richtig?"
„Ja!", rief der Wichtel, „immer den Schienen nach."
„Danke", sagte der Lokführer und ließ die Dampfpfeife ertönen.
Nach einer Weile hielt der Zug an.
Was ist jetzt? Da, wieder ein Wichtel, diesmal in blauen Kleidern, er rief: „Fahrt immer den Schienen nach, bis ihr zu einem Eisbären kommt."

„Wo soll denn hier ein Eisbär herkommen?“, fragten sich die Kinder. Dann aber staunten sie ganz gewaltig. Da stand doch wirklich ein Eisbär neben den Schienen. Er war ganz friedlich, so wie es sich für einen ausgestopften Eisbären gehört.
Der Bürgermeiste hatte ihn aus dem Naturkundemuseum in der Stadt ausgeliehen.
Der Zug fuhr weiter, dann steckte mitten im Schnee ein großes Schild, auf dem stand: „Zum Nordpol da lang“, ein Pfeil zeigte nach vorn.
„Dann sind wir ja richtig“, dachten die Kinder.
Wieder hielt der Zug an, da stand ein Wichtel, diesmal im roten Anzug.
„Ihr wollt zum Weihnachtsmann? Ihr seid gleich da!“
Der Zug fuhr jetzt langsamer weiter und hielt wieder an.

Da stand der Weihnachtsmann, es war der Bürgermeister in einem Weihnachtsmannkostüm, neben einem Holzschild, auf dem geschrieben war: Nordpol.
Ein riesiger, herrlich geschmückter Weihnachtsbaum prunkte daneben, unter dem die Geschenke für die Kinder lagen.

„Jetzt sind wir am Nordpol“, jubelten alle Kinder, und die Erwachsenen freuten sich über die gelungene Überraschung.
Jetzt waren alle am Nordpol beim Weihnachtmann. Der Weihnachtmann rief nacheinander die Namen der Kinder auf, die Geschenke wurden verteilt, mit einem „Ho, ho, ho, seid ihr mit dem Polarexpress gekommen?“
„Ja“, riefen alle Kinder.
„Das ist toll. Schöne Weihnachten.“

Oh nein, jetzt geht in der Kneipe auch noch das Licht aus.
Meine Frau tastet auf dem Tisch herum und greift meine Hand.
Da, Feuerzeuge leuchten auf, die Gäste zünden Kerzen an. Und am Nebentisch wird eine neue Geschichte getuschelt.

Ein seltsamer Abend in der Küche

Ich habe heute mal wieder die Abendschicht. Wenn ich gewusst hätte, was mich erwartet, dann wäre ich daheim geblieben. Also Tür auf, umziehen, Vorstecker, Anfasser, alle Knöpfe an der Kochjacke zu.
O. k., Mütze auf. Je höher die Mütze, desto höher der Koch.

Na, irgendwann muss man dann die Mütze abnehmen, um in die Küche zu kommen, denke ich.
„Was haben wir denn heute Abend für Gäste?“
Der Küchenchef ist noch nicht da, kommt der heute nicht? Also den Kellner fragen.
„Es kommt der Jagdverein „Weidmannsdank“ mit 15 Personen, ein Jagdessen ist angedacht. Das heißt nicht, dass es Wild gibt, sondern dass es schnell gehen soll. Anschließend, beim Jagdtrunk, da kann es dann schon mal länger dauern. Hoorido oder so. Und es kommt noch der Reservistenverband „Im Gleichschritt“ mit 30 Mann. A-là-card-Essen.“ Das Restaurant hat bis 22.00 geöffnet, die Bar bis 2.00. An der Bar gehen dann noch gegen 23.00 Uhr diverse Häppchen für 25 Leute über die Theke. Ich glaub, das wars erst mal.“
Na gut, wenn wir heute drei Mann und zwei

Frauen in der Küche sind und wenn die Vorbereitungen gestern und heute gut gelaufen sind, dann klappt's. Na, sehen wir mal nach. Rostbrätel? Weder geschnitten noch eingelegt. Eingelegt werden die in Bier, Senf, Gewürzen und Öl. Mindestens zwei Tage. Nichts ist da, auch die Pellkartoffeln für die Bratkartoffeln fehlen.
Rouladen? Fehlanzeige.
Weißbrot für die Häppchen in der Tiefkühltruhe. Also schnell auftauen.
Da fällt mir ein, mal nach dem Wasserbad zu sehen. 15 Grad, es sollten 75 Grad sein. Ich mache es auf. Total verkalkt. Das darf doch nicht wahr sein. Was ist hier nur los? Jetzt klingelt das Telefon.
„Ja, hallo?"
„Ich kann heute Abend nicht kommen, mir geht es nicht gut, ich gehe erst mal zum Arzt."
Na gut, dann zu viert. Kriegen wir hin.
Eigentlich müssten meine Kollegen schon da sein. Der nächste Anruf. Unfall, von der Leiter gefallen.
Ich denke sarkastisch, bei Gardinenbügeln.
Jetzt erst mal nach dem Herd sehen. Die Kontrolllampen leuchten, aber richtig heiß werden nur die zwei hinteren Platten. Auf die anderen kann ich mich setzen, und nun? Jetzt wird es interessant. Wenn keiner mehr zu

Hilfe kommt, was dann?
Doch es kommt jemand, der Kellner, mit einer Nachricht. „Der Küchenchef steht im Stau, mindestens 2 Stunden braucht er noch.“
Ich denke gerade, schlimmer kann es nicht kommen, denkste. 10-mal die Soljanka mit Weißbrot als eins, dann 8 Rostbrätel mit Bratkartoffeln und Salat. Pronto. Ich sehe nach. Soljanka: höchstens zwei Tassen. Auch nicht vorbereitet. Alarmstufe dunkelrot.

Hilfe ist noch immer nicht in Sicht. Jetzt ist guter Rat teuer. Also erst mal schnell die Soljanka zaubern, Rauchfleisch ist da, Tomatenmark, etc. auch, aber die Gewürzgurken, natürlich im Kühlhaus im Keller. Treppe runter, Treppe rauf. Dose auf.
Natürlich die nicht geschnittenen erwischt.
Der Kellner drängelt.
Es kommt der zweite Kellner. „Dreimal Rostbrätel mit Bratkartoffeln und Salat. Die Gäste haben es eilig.“
Was für ein Abend. Jetzt kommt der Hotelchef. „Was ist hier los, die Gäste warten, wo sind denn die anderen?“
Ich sehe mich um, niemand da.
„Wo sind denn Ihre Mitstreiter?“
„Einer ist krank, der Chef steht im Stau, und die anderen, keine Ahnung, wo die bleiben.“

„Also Frau Schneider hat Migräne und liegt flach“, sagt der Hausleiter. „Kann ich helfen?“
Versuchen wir es.
Also erst mal Kartoffeln kochen und pellen.
Ich versuche, die Soljanka zu zaubern, und nebenbei die Brätel kurz einzulegen.
Der Kellner kommt, der Reservistenverband ist schon da, ich mach erst mal die Getränke.
Die möchten zusammen essen nach der Karte.
Jetzt stehe ich kurz vor dem Zusammenbruch.
In diesem Moment geht auch noch das Licht aus. Der Hausmeister läuft los, kommt wieder. Totaler Stromausfall, in der halben Stadt.
Was jetzt. Ein Geräusch schreckt mich auf.
Etwas ist heruntergefallen. Jemand stupst mich an.
„Was ist los, die Gäste warten und du träumst hier.“
Da bin ich tatsächlich in der kleinen Pause etwas eingeschlafen. Na ja, ich hatte ja auch 3 Doppelschichten in dieser Woche. Von 7.00 Uhr bis Mitternacht, und dann alles noch putzen, da bleibt nicht viel Zeit zum Schlafen.

Ich sehe mich um, alle da, der Hotelchef hat sich eine Schürze umgebunden, und garniert fleißig die Teller. Alle Herdplatten sind an. Es duftet schon, fast wie Weihnachten. Es ist

Weihnachten. Der erste Advent. 18.12. Also fertig werden.
Aber was ist das jetzt. Das Licht. Erst flackert es, dann geht es ganz aus. Das hat gerade noch gefehlt.
„Kneif mich mal“, sage ich zu Susi, „ich glaub, ich träume noch.“ Nein ich träume nicht.
Der Hausmeister kommt, läuft wieder weg und kommt mit einer Taschenlampe zurück. Sollen wir jetzt mit einer Taschenlampe kochen?
Er sagt: „Stromausfall“.
„Donnerwetter“, sage ich, „ist mir noch gar nicht aufgefallen.“
Stromausfall fast in der ganzen Siedlung, ein Strommast ist umgefallen.
Ein Unfall, zum Glück niemand verletzt. Ein Lkw ist von der Straße abgekommen.
„Was machen wir jetzt?“, frage ich, „Lagerfeuer oder so?“
Es naht Rettung. Ich gehe erst mal vor die Tür. Was ist das denn, gelbe Blinklichter, dahinter ein Lkw. Er biegt ein. Der Küchenchef mit, ich reibe mir die Augen, ja, einer Feldküche. Ja, stimmt. Er war ja zu einer Reserveübung einberufen worden. Jetzt wird alles gut.
Er steigt aus. „Hallo Frank. Ich sehe, ihr habt Probleme.“

Jetzt nicht mehr so viele, denke ich.
Gemeinsam koppeln wir die Feldküche ab und schieben sie in den Hof.
Jetzt kommen auch die anderen aus der Küche gelaufen. Der Küchenchef, noch in Uniform, erteilt die ersten, na ja, Befehle.
„Gebt den Gästen Bescheid, es gibt heute etwas Besonderes. Einen Jagdtopf, Hallalie. Es dauert nur noch etwas."
Die Kellner schwirren ab.
So, jetzt anheizen. Der Hausmeister kommt.
„Ich hab noch Buchenholz zu Hause, ich müsste es nur schnell holen."
Wir heben beide den Daumen.
Kurze Zeit später brennt Feuer unter den Kesseln. Also erst mal was zum Aufwärmen, Rum mit Tee, oder wars anders herum? Die Küchenfee hat ein Teegemisch gebracht, einfach unbeschreiblich.
Die Gäste sind nach und nach in den Hof gekommen, und wärmen sich die Hände an den heißen Teetassen.
So jetzt geht's los, alle fassen mit an. Es gibt einen Weihnachtstopf für alle. Kartoffeln, Brätelfleisch, viel Gemüse, Geflügel, einfach alles, was schmeckt.
„Drinnen essen oder draußen?"
Natürlich sagen fast alle: „Draußen!"
Ein älterer Herr: „Nein, lieber drinnen."

„Komm, bleib bei uns Opa“, sagt ein kleines Mädchen.
„Na gut.“
Inzwischen haben die Kellner die Biergartengarnituren herausgeholt und aufgestellt. Was jetzt noch fehlt, ist ein wenig Licht. Wir haben doch noch einige Fackeln vom vorigen Jahr, meint einer der Kellner, die stellen wir draußen auf.
Der Hausmeister kommt kurz darauf mit einer ganzen Kiste Fackeln.

Es wird gemütlich. Die Gäste schauen in voller Erwartung auf die Feldküche. Der Chef reicht mir einen Kosteschmeckerteller.
Ich probiere. Perfekt.

Die Gäste sind voller Lob. Und ich habe morgen frei bekommen.
„Schlaf dich mal aus.“
Schöne Weihnachten.

Die letzte Safari – der Tod
kommt um halb sieben

Katharina hatte doch noch den letzten Flug des Abends bekommen. Economy Class, aber besser, als auf dem Airport eine Nacht zu warten. Taxi nach Hause. Sie gab ein großzügiges Trinkgeld an den Taxifahrer und sie zog jetzt ihren Koffer hinter sich her, es knirschte leise auf dem Kies der Auffahrt. Sie war verblüfft. Wieso stand die Haustür offen, wieso brannte um diese Zeit Licht im Wohnzimmer? Sie griff nach ihrer Handtasche.

Ganz leise den Koffer abstellen und vorsichtig zur Tür. Sie kramte in der Handtasche, Puderdose, Geldbörse, ja, alles da.

UND die Pistole war auch da, dann hörte sie die Stimme ihres Mannes. „Also, wir machen es wie besprochen. Club Santaro, am Nachmittag, wir tun, als ob wir uns nicht kennen. Am Mittwoch werden wir einen Rover nehmen, und die Tore schließen, um 18.30, dann ist auch kein Ranger mehr draußen. Wir sind dann endlich frei, ich liebe dich, also alles wie besprochen."

Jetzt aber langsam und leise zurück, dachte Katharina. Bloß kein Geräusch auf dem Kies verursachen. Sie trug nun den Koffer. Zurück zur Einfahrt, bis sie außer Sichtweite des Hauses war. Sie hatte es schon lange geahnt. So viele Ausreden hatte er gehabt.

So viele Male kam er spät nach Hause, so oft war er zu müde. Na warte. Die Rache ist mein, spricht der Herr. Später lag sie angezogen auf einem Hotelbett in der Nähe, der Plan ist gut, dachte sie, aber was, wenn …

Wo waren die Adresse und Telefonnummer der Safari-Gesellschaft?

„Hallo, wie können wir Ihnen helfen … Das geht so in Ordnung."

Zufrieden legte sie den Hörer auf. Sie sah auf die Uhr, noch eine Stunde. Die Bar hatte bereits geöffnet.

Gin Tonic, einen, nein, zwei, wir, sie dachte an die andere, werden ja sehen. Wieder ein Taxi zum Haus. Vorsichtshalber hatte sie die Pistole geladen. Die Kiesauffahrt diesmal geräuschvoll hinauf. Er steht vor dem Haus. „Hallo Schatz, wie war der Flug?"

"Na ja."

„Kaffee?"

„Erst mal duschen und etwas schlafen."

Leise schloss sie die Tür. In ihrem Zimmer klingelt das Telefon. Leise nimmt sie den Hörer ab, sie ist da, „wir sehen uns dort, bis dahin". O. k. Behutsam legt sie den Hörer auf. Etwas Rotes rinnt ihren Körper herunter.

Blut? Nein, nein, warmes Wasser. Das Duschgel ist rötlich. Sie reibt sich die Augen.

Na warte, denkt sie.

Eine Woche später. Er sagte: „Ich habe einen Rover gemietet, für eine kleine private Tour, aber wir müssen um 18.30 zurück sein, dann werden die Tore geschlossen, und die Ranger fahren auch nicht mehr herum. Dann ist die Zeit der Nachttiere."

Sie tat unbekümmert. „Also los, wollen wir ein kleines Abenteuer, warum nicht." Sie dachte an den Tag vorher. Wer wen? Wir werden sehen.

Der Jet landete pünktlich, der Mietwagen stand bereit. Rechtslenkung. „Ich hatte doch ausdrücklich ein Fahrzeug mit Linkslenkung bestellt."

„Das ist in der Werkstatt“, sagte der Verleiher. „Ist übermorgen fertig.“

Unauffällig gab sie einen großen Schein an den Mann von der Autovermietung, der flüsterte: „Alles wie bestellt“, und dann laut: „Gute Fahrt.“

„Fahr mal du“, sagte er, „diese Rechtslenkung, also, das ist nichts für mich.“ Nach einer Weile kamen sie an.

Der Bungalow war groß, sauber, eine kleine Terrasse, Getränke im Kühlschrank standen bereit. Jetzt erst mal einen Whiskey mit Eis. Sie durchdachte noch einmal den Plan.

Auf dem Tisch lag ein Schreiben der Gesellschaft. „Herzlich willkommen“, das Übliche „bitte seien Sie, wenn sie auf eigene Faust herumfahren möchten, bis spätestens 18.30 zurück. Um diese Zeit werden die Tore geschlossen. Es gibt viele aggressive Tier, die erst bei Einbruch der Dunkelheit auf Beutezug gehen. Die Ranger beenden dann ihre Kontrollfahrten. Also seien sie pünktlich.“

Am nächsten Tag. Zusammen sahen sie sich den Sonnenuntergang an. Der letzte für dich, dachte sie. Nach dem Frühstück am nächsten Morgen sagte sie: „Ich will nur kurz zum Markt, einige kleine Besorgungen machen, Andenken, na und so weiter.“

„Gut“, sagte er „ich warte hier, einfach mal an die Bar, die einheimischen Getränke probieren.“

Durch das Fenster sah Katharina, dass er zum Telefon griff. Eine Frau kam zur Terrasse. Sie beobachtete noch den innigen Kuss der beiden.

Mal die Zeitung lesen, ausruhen, hatte er gesagt. Warte, bald ruhst du ewig.

„Also, den Rover unbedingt mit Rechtslenkung und das Paket nicht vergessen.“

„Geht klar.“

Der Anruf beim Vermieter aus dem Hotel.

Zufrieden lehnt sie sich zurück. Happy Safari.

„Heute fahren wir mal in die Wildnis“, hatte er vorgeschlagen, das Gewehr hatte er noch abends auf der Terrasse gereinigt, die Patronen überprüft. Es war also nicht nötig, noch einmal danach zu sehen. Hätte er es getan, dann wäre ihm aufgefallen, dass fast alle Zündplättchen sorgfältig entfernt worden waren.

Eines hatte sie übersehen. Nur eines.

„Also bitte, fahr du, diese verdammte Rechtslenkung, das ist einfach nichts für mich", sagte ihr Mann.

Sand wirbelte auf, der Rover zog eine Staubfahne hinter sich her. Er fotografierte. Wilde Tiere, Elefanten, Giraffen, alles, was ihm vor die Linse kam. Nach einer Weile.

„Picknick?", fragte sie.

„Dass du daran gedacht hast."

„Kaffee oder Tee?", fragte sie.

„Lieber Tee."

Sie schraubte die Thermosflasche auf und ließ ein winziges Kügelchen hineinfallen. Kurz die Flasche schütteln.

Eine Decke auf dem Gras diente als Tisch. Sandwiches, Hühnchen, Obst vom Markt, alles schien perfekt.

„Jetzt einen Whiskey zur Verdauung“, sagte er.

„Ich hole ihn“, sagte sie und ging zum Rover.

Die Dämmerung brach herein. In den Tropen wird es schnell Nacht. Sie sah auf die Uhr, 7.56.

„Hier, der Whiskey“, sie gab ihm die Flasche. „Aber doch nicht aus der Flasche trinken. Bin gleich wieder da.“ Sie stand auf. Leicht benommen sah er jetzt aus.

Das kleine Kügelchen tat seine Wirkung.

Also, wo war das Paket? Unter dem Fahrersitz.

Wie war das, am Ring ziehen. O. k. Es zischte, funktionierte. Wo ist der Zündschlüssel, hier. Hinter der Sonnenblende.

Starten, nichts rührt sich, zweiter Versuch, wieder nichts. Er ist aufgestanden, schwankt etwas, und greift nach dem Gewehr. Sie betet. „Komm schon, komm schon“, tritt ungeduldig mit den Füßen auf die Pedale, endlich springt der Motor an. Sie fährt los. Schnell.

Ein Schuss fällt, trifft die Beifahrerseite, Glas

splittert, der Rover schleudert, dann greifen die Reifen, und eine Minute vor halb sieben erreicht sie das Tor.

„Da haben Sie aber Glück gehabt. Wir schließen um halb sieben, ist noch jemand draußen?“

„Ich habe niemanden gesehen.“

„Was ist mit der Windschutzscheibe?“

„Ein anderes Fahrzeug. Steinschlag. Mir ist nichts passiert.“

Sie stellt den Wagen in den Carport.

„Den Rover werde ich morgen ausräumen.“

Jetzt erst mal eine heiße Dusche. Das warme Wasser tut gut. Wo ist das Handtuch? Eine Hand reicht es herein. Sie nimmt es. Eine Frau steht vor der Dusche, zwei randvolle Gläser Whiskey in der Hand. Sie stoßen an. Die Frau holt einen Umschlag aus ihrer Tasche.

Die Zugangsdaten zu den Schweizer Nummernkonten.

„Wir müssen aber noch etwas warten, damit

kein Verdacht aufkommt. Was ist, wenn sie nach ihm suchen. Das Hotelpersonal hat gesehen, dass ich mit ihm in die Stadt gelaufen bin.“

„Die haben nichts gegen ein gutes Trinkgeld, dafür sagen die alles aus. So, und jetzt suchen wir uns mal richtige und vor allem treue Männer.“

„Einen haben sie schon“, eine Stimme hinter ihnen. „Agent Fulder, FBI. Erklären Sie mal die zerschossene Gummipuppe und die kaputte Windschutzscheibe.“ Handschellen klicken.

„Sie sind vorläufig festgenommen.“

„Wie haben wir uns verraten?“

„Die Rechtslenkung, damit kam ihr Mann nicht zurecht. Dann haben sie diese Puppe gekauft und die blonde Perücke. Ihr Mann hatte sie schon lange verlassen wollen und ist misstrauisch geworden. Als er bemerkt hat, dass die Zugangsdaten zu seinen Schweizer Konten aus dem Tresor fehlten, hat er sich an uns gewandt. Und wir haben Sie observiert.“

„Das bringt euch eine Weile hinter Gitter,“

sagt eine bekannte Stimme. Sie drehte sich um und erstarrte. Ihr Mann steht da, in einem zerrissenen Hemd, blutverschmiert, aber am Leben.

„Jetzt komm schon“, sage ich zu meiner Frau. „Es wird Schneefall vorhergesagt. Wir sollten losfahren.“

„Ja, ja, ich bin gleich soweit.“

Es ist immer dasselbe. Am Tag der Abreise fängt sie an zu packen. Zum Glück hat sie gestern Abend, bis der erste Spielfilm zu Ende war, noch gebügelt. Also los, nochmal zum Auto, Winterreifen-Check, Batterie ok, Kühlerschutz auch gut. Warnblinker, man weiß ja nie, ok. Scheinwerfer, Fernlicht, alles gut. Wo ist das Tür-Enteiser-Spray? Natürlich im Handschuhfach. Da ist alles Mögliche drin. Ersatzbrille, Kopie der Zulassung, Kleinkram. Kugelschreiber, Parkzettel usw..

Jetzt geht's los. Koffer, noch ein Koffer, eine Tasche mit dem Badezeug für die Therme. Ich will den Kofferraum schließen.

„Halt, mein Rucksack muss auch noch mit“, sagt meine Frau.

Vielleicht hätten wir einen Transporter mieten sollen.

Na toll. Da hätte meine Frau doch glatt fast noch unser Sofa mitgenommen. Das ist abends ihr Lieblingsplatz. Ein wenig Kuscheln, das ist gut für die Seele. Stimmt, mir tut es auch gut.

„Ich komme ja schon“, sagt meine Frau, „bin

halt nicht mehr die Jüngste.“

„Alles einsteigen, es geht in den Winterurlaub. Bitte anschnallen, und genießen Sie die Fahrt.“

Jetzt aber los, das Navi einschalten.

Satelliten werden gesucht. Es dauert und dauert. Demnächst kaufe ich einen vom Baumarkt, und das Katapult gleich mit.

„Biegen Sie auf die nächstgelegene Straße ein.“

Ich hatte auch nicht vor, den nächsten Feldweg zu nehmen. Da kommt mir unsere Weihnachtsfeier in den Sinn, genauer gesagt die Heimfahrt von der Feier. Da, wo ich lang wollte, war gesperrt. Umleitung. Wie heißt der chinesische Verkehrsmister? „Um lei tung.“ Also dem Navi folgen. In einen ein völlig verschneiten Feldweg. Reinfahren mochte noch gehen, aber käme ich dort vor der Schneeschmelze wieder heraus? Was sollte ich tun? Ich fuhr einfach dem Gefühl nach, und dann stand da irgendwann ein Richtungsschild. Los gings. Und dann waren wir tatsächlich gut nach Hause gekommen. Mal sehen, wie es heute wird.

„Wie hieß das Hotel nochmal?“

„Bergblick.“

„Na, dann schauen wir mal. Zimmer mit

unverbaubarem Blick zum Kohlenbunker oder super Bergblick zur Seilbahn. Wir werden ja sehen.“
Der Motor läuft, langsam kommt auch die Heizung in Gang. Die ersten Schneeflocken fallen.
„Es schneit“, sagt meine Frau.
„Was du nicht sagst, es ist schon geschnitten, es fällt bloß noch runter.“
„Gipskopf“, sagt sie.
Diesen Kosenamen kenne ich schon.
Der Schneefall wird immer dichter. Frau Holle meint es gut, vielleicht ein wenig zu gut. Im Radio läuft „ Driving home for Christmas“ von Chris Rea.
Dann eine Verkehrsdurchsage. „Hallo Autofahrer, es ist mit starkem starken Schneefall und vereinzelter Glätte zu rechen. Bitte fahren Sie vorsichtig, überholen Sie wenn möglich nicht, und kommen Sie gut an ihr Ziel.“
Na ja, wir fahren vorsichtig, notgedrungen. Das Schneetreiben wird immer dichter, Scheibenwischer nützen da nicht viel. Fernlicht, nein, es blendet. Wir sollten irgendwo anhalten und eine Pause machen, aber wo? Links und rechts hohe Schneewehen. Da, vor uns ein Licht. Blaulicht. Ich bremse vorsichtig ab.

Ein Mann in Polizeiuniform tritt heran. Also die Seitenscheibe heruntergelassen.

„Guten Abend."

Ich erwarte, dass er sagt: „Führerschein und Fahrzeugpapiere!"

Nein, das sagt nicht, er sagt: „Es hat einen Schneerutsch gegeben, bitte rechts die Umleitung nehmen."

Zacharias Zappenduster
und der singende Fischer

Es war wieder einer jener Abende in unserer kleinen Stadt am Meer. Zacharias Zappenduster hatte gerade seine Runde beendet und die letzte Gaslaterne angezündet, nämlich die am Hafen.

„Guten Abend Zacharias."

„Guten Abend liebe Stadtlaterne, schön, dass du wieder leuchtest. Dann finden die Menschen wieder gut nach Hause."

„Weil du gerade Menschen sagst, siehst du die Frau mit dem orangefarbenen Kopftuch."

„Ja, ich sehe sie", antwortete Zacharias. „Was ist denn mit ihr?"

„Also, seit einer Weile kommt sie immer um dieselbe Zeit zum Hafen. Sie sieht auf das Meer hinaus, steht nur da, und dann lässt sie immer ihr Kopftuch in der rechten Hand flattern. Es sieht fast so aus, als wolle sie jemanden auf See grüßen. Kurz vor Mitternacht, ich sehe es an der Leuchtturmuhr, sagt sie leise, vielleicht kommt er morgen, bestimmt kommt er morgen. Dann bindet sie das Kopftuch wieder aus und geht langsam davon. Möglicherweise ist ihr Mann ja Fischer."

„Aber warum kommt er nicht wieder?“

„Seltsam, nicht wahr?“

„In der Tat, seltsam.“

Am nächsten Abend stand die Frau wieder dort. Zacharias beschloss, sie anzusprechen.

„Geht es Ihnen gut?“

„Ja, es geht, ich warte auf meinen Mann, der ist unterwegs mit seinem Schiff. Der Katharina. Er muss gleich kommen.“

Zacharias Zappenduster fiel ein, die Katharina, das war so ein kleiner Schoner, vor zwei Jahren ist er auf das Riff gelaufen und gesunken. Das Riff wurde dann gesprengt, es war einfach zu gefährlich geworden.

Ein alter Fischer stand in der Nähe und sang leise vor sich hin. Die Frau trat zu ihm.

„Was singen Sie da, was ist das, ein Seemannslied?“

„Es ist ein altes italienisches Lied, es handelt von einer verlorenen Liebe.“

„Es ist einfach nur schön, Ihnen zuzuhören.“

„Vielen Dank."

„Irgendwie klingt das Lied ein wenig traurig, oder irre ich mich?"

„Sie irren nicht, es ist traurig, genauso, wie mir meistens zumute ist."

„Was ist denn geschehen?"

„Meine Frau ist vor einem Jahr verstorben, diese heimtückische Krankheit. Wir sind noch einmal an einem Samstag hinausgefahren. In den Sonnenuntergang. Meine Frau liebte Sonnenuntergänge. Sie saß an Deck, ich habe so einen kleinen Kutter, müssen Sie wissen, da habe ich für sie eine kleine Sitzbank eingebaut. Es war ziemlich windig und ihr wurde kalt, und ich bin unter Deck, um eine Strickjacke zu holen, als ich zurückkam, lebte sie schon nicht mehr."

„Das tut mir leid."

„Möchten sie einen Tee?"

„Ja, gern."

Er schraubte die Thermosflasche auf und goss ein.

„Zucker?“

„Ja, zwei Stück.“

„Meine Frau nahm auch immer zwei Stück.“

„Was ist das für ein Tee?“

„Skandinavische Blaubeere, mit Assam gemischt.“

Zacharias Zappenduster und der alte Puppenspieler

Es war wieder einer jener Abende, an denen Zacharias alle Stadtlaternen zum Leuchten gebracht hatte, damit es nicht abends zappenduster sein würde. Müde wollte er nur noch nach Hause, als er Gelächter, frohe Stimmen und Beifall hörte. Neugierig ging er den Stimmen nach. Da stand doch mitten auf dem Marktplatz ein Marionettentheater.

Es schien ein lustiges Stück zu sein, die Kinder lachten, und die Erwachsenen klatschten immer wieder.

Mehr vom Autor Frank Becker bei DeBehr

Es geschah einen Tag vor Heiligabend. Durch die schneebedeckte Landschaft ratterte ein Zug. Doch plötzlich hielt er an. Die Strecke war verschneit. Und so warteten alle auf den Schneepflug. Um bei diesem unplanmäßigen Halt keine Langeweile aufkommen zu lassen, begannen die Reisenden, sich Geschichten zu erzählen. Von Zacharias Zappenduster und dem Gespenst, von der sprechenden Vogelscheuche, von einer alten Aktentasche, die sogar Leben retten konnte, von einem gestohlenen Weihnachtsbaum und viele, viele mehr. Geschichten zum Träumen ab 4 bis 99 Jahren.

Paperback mit 176 Seiten. Preis: 10.95€,
ISBN: 9783957539625

Als der Außerirdische unfreiwillig auf der Erde landet, wundert er sich sehr über deren Bewohner. Eine Vogelscheuche erzählt von ihren größten Abenteuern. Eine Kirchturmuhr erleidet Kummer. Zacharias Zappenduster sorgt sich um eine alte Straßenbahn. Diese und viele weitere Abenteuer erwarten Leser und Zuhörer in Frank Beckers warmherzigen, philosophischen Geschichten zum Träumen. Ab 4 bis 99 Jahren.

Paperback mit 164 Seiten. Preis: 10.95€,
ISBN: 9783987270406

Über den Autor Frank Becker

Frank Becker wurde 18.04.1956 geboren.

Er begann bereit in den 1970er Jahren mit dem Schreiben, mit dem Beginn der Rente im Jahr 2020 fand er dann mehr Zeit, seiner Leidenschaft nachzugehen.

Er schreibt vorrangig Kurzgeschichten und arbeitet im Frühjahr 2024 an seinem ersten Kriminalroman.